全国普法学习读本

精神卫生法律法规学习读本

精神卫生与禁毒法律法规

■ 魏光朴　主编

加大全民普法力度，建设社会主义法治文化，树立宪法法律至上、法律面前人人平等的法治理念。

——中国共产党第十九次全国代表大会《决胜全面建成小康社会　夺取新时代中国特色社会主义伟大胜利》

汕头大学出版社

图书在版编目（CIP）数据

精神卫生与禁毒法律法规／魏光朴主编．-- 汕头：汕头大学出版社（2021.7 重印）

（精神卫生法律法规学习读本）

ISBN 978-7-5658-3340-3

Ⅰ．①精… Ⅱ．①魏… Ⅲ．①精神卫生-卫生法-中国-学习参考资料②禁毒-法规-中国-学习参考资料 Ⅳ．①D922.164②D922.144

中国版本图书馆 CIP 数据核字（2018）第 000834 号

精神卫生与禁毒法律法规 JINGSHEN WEISHENG YU JINDU FALÜ FAGUI

主　　编：	魏光朴
责任编辑：	邹　峰
责任技编：	黄东生
封面设计：	大华文苑
出版发行：	汕头大学出版社
	广东省汕头市大学路 243 号汕头大学校园内　邮政编码：515063
电　　话：	0754-82904613
印　　刷：	三河市南阳印刷有限公司
开　　本：	690mm×960mm 1/16
印　　张：	18
字　　数：	226 千字
版　　次：	2018 年 1 月第 1 版
印　　次：	2021 年 7 月第 2 次印刷
定　　价：	59.60 元（全 2 册）

ISBN 978-7-5658-3340-3

版权所有，翻版必究

如发现印装质量问题，请与承印厂联系退换

前 言

习近平总书记指出:"推进全民守法,必须着力增强全民法治观念。要坚持把全民普法和守法作为依法治国的长期基础性工作,采取有力措施加强法制宣传教育。要坚持法治教育从娃娃抓起,把法治教育纳入国民教育体系和精神文明创建内容,由易到难、循序渐进不断增强青少年的规则意识。要健全公民和组织守法信用记录,完善守法诚信褒奖机制和违法失信行为惩戒机制,形成守法光荣、违法可耻的社会氛围,使遵法守法成为全体人民共同追求和自觉行动。"

中共中央、国务院曾经转发了中央宣传部、司法部关于在公民中开展法治宣传教育的规划,并发出通知,要求各地区各部门结合实际认真贯彻执行。通知指出,全民普法和守法是依法治国的长期基础性工作。深入开展法治宣传教育,是全面建成小康社会和新农村的重要保障。

普法规划指出:各地区各部门要根据实际需要,从不同群体的特点出发,因地制宜开展有特色的法治宣传教育坚持集中法治宣传教育与经常性法治宣传教育相结合,深化法律进机关、进乡村、进社区、进学校、进企业、进单位的"法律六进"主题活动,完善工作标准,建立长效机制。

特别是农业、农村和农民问题,始终是关系党和人民事业发展的全局性和根本性问题。党中央、国务院发布的《关于推进社会主义新农村建设的若干意见》中明确提出要"加强农村法制建设,深入开展农村普法教育,增强农民的法制观念,提高农民依法行使权利和履行义务的自觉性。"多年普法实践证明,普及法律知识,提高法制观念,增强全社会依法办事意识具有重要作用。特别是在广大农村进行普法教育,是提高全民法律素质的需要。

多年来,我国在农村实行的改革开放取得了极大成功,农村发生了翻天覆地的变化,广大农民生活水平大大得到了提高。但是,由于历史和社会等原因,现阶段我国一些地区农民文化素质还不高,不学法、不懂法、不守法现象虽然较原来有所改变,但仍有相当一部分群众的法制观念仍很淡化,不懂、不愿借助法律来保护自身权益,这就极易受到不法的侵害,或极易进行违法犯罪活动,严重阻碍了全面建成小康社会和新农村步伐。

为此,根据党和政府的指示精神以及普法规划,特别是根据广大农村农民的现状,在有关部门和专家的指导下,特别编辑了这套《全国普法学习读本》。主要包括了广大人民群众应知应懂、实际实用的法律法规。为了辅导学习,附录还收入了相应法律法规的条例准则、实施细则、解读解答、案例分析等;同时为了突出法律法规的实际实用特点,兼顾地方性和特殊性,附录还收入了部分某些地方性法律法规以及非法律法规的政策文件、管理制度、应用表格等内容,拓展了本书的知识范围,使法律法规更"接地气",便于读者学习掌握和实际应用。

在众多法律法规中,我们通过甄别,淘汰了废止的,精选了最新的、权威的和全面的。但有部分法律法规有些条款不适应当下情况了,却没有颁布新的,我们又不能擅自改动,只得保留原有条款,但附录却有相应的补充修改意见或通知等。众多法律法规根据不同内容和受众特点,经过归类组合,优化配套。整套普法读本非常全面系统,具有很强的学习性、实用性和指导性,非常适合用于广大农村和城乡普法学习教育与实践指导。总之,是全国全民普法的良好读本。

目　录

中华人民共和国精神卫生法

第一章　总　则 …………………………………………… (1)
第二章　心理健康促进和精神障碍预防 ………………… (4)
第三章　精神障碍的诊断和治疗 ………………………… (6)
第四章　精神障碍的康复 ………………………………… (13)
第五章　保障措施 ………………………………………… (14)
第六章　法律责任 ………………………………………… (17)
第七章　附　则 …………………………………………… (21)
附　录
　　精神疾病司法鉴定暂行规定 ……………………… (22)
　　关于进一步加强精神卫生工作的指导意见 ……… (29)
　　全国精神卫生工作规划（2015—2020年）……… (36)
　　北京市精神卫生条例 ……………………………… (50)
　　上海市精神卫生条例 ……………………………… (63)

中华人民共和国禁毒法

第一章　总　则 …………………………………………… (85)
第二章　禁毒宣传教育 …………………………………… (87)
第三章　毒品管制 ………………………………………… (88)
第四章　戒毒措施 ………………………………………… (90)

第五章　禁毒国际合作 …………………………………… (96)

第六章　法律责任 ………………………………………… (97)

第七章　附　则 …………………………………………… (99)

附　录

　　常见毒品种类 …………………………………………… (100)

　　公安机关缴获毒品管理规定 …………………………… (104)

戒毒条例

第一章　总　则 …………………………………………… (113)

第二章　自愿戒毒 ………………………………………… (115)

第三章　社区戒毒 ………………………………………… (116)

第四章　强制隔离戒毒 …………………………………… (118)

第五章　社区康复 ………………………………………… (121)

第六章　法律责任 ………………………………………… (123)

第七章　附　则 …………………………………………… (123)

附　录

　　吸毒检测程序规定 ……………………………………… (124)

　　最高人民法院关于审理毒品犯罪案件适用法律

　　若干问题的解释 ………………………………………… (128)

中华人民共和国精神卫生法

中华人民共和国主席令

第六十二号

《中华人民共和国精神卫生法》已由中华人民共和国第十一届全国人民代表大会常务委员会第二十九次会议于 2012 年 10 月 26 日通过，现予公布，自 2013 年 5 月 1 日起施行。

中华人民共和国主席　胡锦涛

2012 年 10 月 26 日

第一章　总　则

第一条　为了发展精神卫生事业，规范精神卫生服务，维护精神障碍患者的合法权益，制定本法。

第二条　在中华人民共和国境内开展维护和增进公民心理

健康、预防和治疗精神障碍、促进精神障碍患者康复的活动，适用本法。

第三条 精神卫生工作实行预防为主的方针，坚持预防、治疗和康复相结合的原则。

第四条 精神障碍患者的人格尊严、人身和财产安全不受侵犯。

精神障碍患者的教育、劳动、医疗以及从国家和社会获得物质帮助等方面的合法权益受法律保护。

有关单位和个人应当对精神障碍患者的姓名、肖像、住址、工作单位、病历资料以及其他可能推断出其身份的信息予以保密；但是，依法履行职责需要公开的除外。

第五条 全社会应当尊重、理解、关爱精神障碍患者。

任何组织或者个人不得歧视、侮辱、虐待精神障碍患者，不得非法限制精神障碍患者的人身自由。

新闻报道和文学艺术作品等不得含有歧视、侮辱精神障碍患者的内容。

第六条 精神卫生工作实行政府组织领导、部门各负其责、家庭和单位尽力尽责、全社会共同参与的综合管理机制。

第七条 县级以上人民政府领导精神卫生工作，将其纳入国民经济和社会发展规划，建设和完善精神障碍的预防、治疗和康复服务体系，建立健全精神卫生工作协调机制和工作责任制，对有关部门承担的精神卫生工作进行考核、监督。

乡镇人民政府和街道办事处根据本地区的实际情况，组织开展预防精神障碍发生、促进精神障碍患者康复等工作。

第八条 国务院卫生行政部门主管全国的精神卫生工作。

县级以上地方人民政府卫生行政部门主管本行政区域的精神卫生工作。

县级以上人民政府司法行政、民政、公安、教育、人力资源社会保障等部门在各自职责范围内负责有关的精神卫生工作。

第九条 精神障碍患者的监护人应当履行监护职责，维护精神障碍患者的合法权益。

禁止对精神障碍患者实施家庭暴力，禁止遗弃精神障碍患者。

第十条 中国残疾人联合会及其地方组织依照法律、法规或者接受政府委托，动员社会力量，开展精神卫生工作。

村民委员会、居民委员会依照本法的规定开展精神卫生工作，并对所在地人民政府开展的精神卫生工作予以协助。

国家鼓励和支持工会、共产主义青年团、妇女联合会、红十字会、科学技术协会等团体依法开展精神卫生工作。

第十一条 国家鼓励和支持开展精神卫生专门人才的培养，维护精神卫生工作人员的合法权益，加强精神卫生专业队伍建设。

国家鼓励和支持开展精神卫生科学技术研究，发展现代医学、我国传统医学、心理学，提高精神障碍预防、诊断、治疗、康复的科学技术水平。

国家鼓励和支持开展精神卫生领域的国际交流与合作。

第十二条 各级人民政府和县级以上人民政府有关部门应当采取措施，鼓励和支持组织、个人提供精神卫生志愿服务，捐助精神卫生事业，兴建精神卫生公益设施。

对在精神卫生工作中做出突出贡献的组织、个人，按照国家有关规定给予表彰、奖励。

第二章　心理健康促进和
精神障碍预防

第十三条　各级人民政府和县级以上人民政府有关部门应当采取措施，加强心理健康促进和精神障碍预防工作，提高公众心理健康水平。

第十四条　各级人民政府和县级以上人民政府有关部门制定的突发事件应急预案，应当包括心理援助的内容。发生突发事件，履行统一领导职责或者组织处置突发事件的人民政府应当根据突发事件的具体情况，按照应急预案的规定，组织开展心理援助工作。

第十五条　用人单位应当创造有益于职工身心健康的工作环境，关注职工的心理健康；对处于职业发展特定时期或者在特殊岗位工作的职工，应当有针对性地开展心理健康教育。

第十六条　各级各类学校应当对学生进行精神卫生知识教育；配备或者聘请心理健康教育教师、辅导人员，并可以设立心理健康辅导室，对学生进行心理健康教育。学前教育机构应当对幼儿开展符合其特点的心理健康教育。

发生自然灾害、意外伤害、公共安全事件等可能影响学生心理健康的事件，学校应当及时组织专业人员对学生进行心理援助。

教师应当学习和了解相关的精神卫生知识，关注学生心理健康状况，正确引导、激励学生。地方各级人民政府教育行政部门和学校应当重视教师心理健康。

学校和教师应当与学生父母或者其他监护人、近亲属沟通学生心理健康情况。

第十七条 医务人员开展疾病诊疗服务,应当按照诊断标准和治疗规范的要求,对就诊者进行心理健康指导;发现就诊者可能患有精神障碍的,应当建议其到符合本法规定的医疗机构就诊。

第十八条 监狱、看守所、拘留所、强制隔离戒毒所等场所,应当对服刑人员,被依法拘留、逮捕、强制隔离戒毒的人员等,开展精神卫生知识宣传,关注其心理健康状况,必要时提供心理咨询和心理辅导。

第十九条 县级以上地方人民政府人力资源社会保障、教育、卫生、司法行政、公安等部门应当在各自职责范围内分别对本法第十五条至第十八条规定的单位履行精神障碍预防义务的情况进行督促和指导。

第二十条 村民委员会、居民委员会应当协助所在地人民政府及其有关部门开展社区心理健康指导、精神卫生知识宣传教育活动,创建有益于居民身心健康的社区环境。

乡镇卫生院或者社区卫生服务机构应当为村民委员会、居民委员会开展社区心理健康指导、精神卫生知识宣传教育活动提供技术指导。

第二十一条 家庭成员之间应当相互关爱,创造良好、和睦的家庭环境,提高精神障碍预防意识;发现家庭成员可能患有精神障碍的,应当帮助其及时就诊,照顾其生活,做好看护管理。

第二十二条 国家鼓励和支持新闻媒体、社会组织开展精神卫生的公益性宣传，普及精神卫生知识，引导公众关注心理健康，预防精神障碍的发生。

第二十三条 心理咨询人员应当提高业务素质，遵守执业规范，为社会公众提供专业化的心理咨询服务。

心理咨询人员不得从事心理治疗或者精神障碍的诊断、治疗。

心理咨询人员发现接受咨询的人员可能患有精神障碍的，应当建议其到符合本法规定的医疗机构就诊。

心理咨询人员应当尊重接受咨询人员的隐私，并为其保守秘密。

第二十四条 国务院卫生行政部门建立精神卫生监测网络，实行严重精神障碍发病报告制度，组织开展精神障碍发生状况、发展趋势等的监测和专题调查工作。精神卫生监测和严重精神障碍发病报告管理办法，由国务院卫生行政部门制定。

国务院卫生行政部门应当会同有关部门、组织，建立精神卫生工作信息共享机制，实现信息互联互通、交流共享。

第三章　精神障碍的诊断和治疗

第二十五条 开展精神障碍诊断、治疗活动，应当具备下列条件，并依照医疗机构的管理规定办理有关手续：

（一）有与从事的精神障碍诊断、治疗相适应的精神科执业医师、护士；

（二）有满足开展精神障碍诊断、治疗需要的设施和设备；

（三）有完善的精神障碍诊断、治疗管理制度和质量监控制度。

从事精神障碍诊断、治疗的专科医疗机构还应当配备从事心理治疗的人员。

第二十六条 精神障碍的诊断、治疗,应当遵循维护患者合法权益、尊重患者人格尊严的原则,保障患者在现有条件下获得良好的精神卫生服务。

精神障碍分类、诊断标准和治疗规范,由国务院卫生行政部门组织制定。

第二十七条 精神障碍的诊断应当以精神健康状况为依据。

除法律另有规定外,不得违背本人意志进行确定其是否患有精神障碍的医学检查。

第二十八条 除个人自行到医疗机构进行精神障碍诊断外,疑似精神障碍患者的近亲属可以将其送往医疗机构进行精神障碍诊断。对查找不到近亲属的流浪乞讨疑似精神障碍患者,由当地民政等有关部门按照职责分工,帮助送往医疗机构进行精神障碍诊断。

疑似精神障碍患者发生伤害自身、危害他人安全的行为,或者有伤害自身、危害他人安全的危险的,其近亲属、所在单位、当地公安机关应当立即采取措施予以制止,并将其送往医疗机构进行精神障碍诊断。

医疗机构接到送诊的疑似精神障碍患者,不得拒绝为其作出诊断。

第二十九条 精神障碍的诊断应当由精神科执业医师作出。

医疗机构接到依照本法第二十八条第二款规定送诊的疑似精神障碍患者,应当将其留院,立即指派精神科执业医师进行诊断,并及时出具诊断结论。

第三十条 精神障碍的住院治疗实行自愿原则。

诊断结论、病情评估表明，就诊者为严重精神障碍患者并有下列情形之一的，应当对其实施住院治疗：

（一）已经发生伤害自身的行为，或者有伤害自身的危险的；

（二）已经发生危害他人安全的行为，或者有危害他人安全的危险的。

第三十一条 精神障碍患者有本法第三十条第二款第一项情形的，经其监护人同意，医疗机构应当对患者实施住院治疗；监护人不同意的，医疗机构不得对患者实施住院治疗。监护人应当对在家居住的患者做好看护管理。

第三十二条 精神障碍患者有本法第三十条第二款第二项情形，患者或者其监护人对需要住院治疗的诊断结论有异议，不同意对患者实施住院治疗的，可以要求再次诊断和鉴定。

依照前款规定要求再次诊断的，应当自收到诊断结论之日起三日内向原医疗机构或者其他具有合法资质的医疗机构提出。承担再次诊断的医疗机构应当在接到再次诊断要求后指派二名初次诊断医师以外的精神科执业医师进行再次诊断，并及时出具再次诊断结论。承担再次诊断的执业医师应当到收治患者的医疗机构面见、询问患者，该医疗机构应当予以配合。

对再次诊断结论有异议的，可以自主委托依法取得执业资质的鉴定机构进行精神障碍医学鉴定；医疗机构应当公示经公告的鉴定机构名单和联系方式。接受委托的鉴定机构应当指定本机构具有该鉴定事项执业资格的二名以上鉴定人共同进行鉴定，并及时出具鉴定报告。

第三十三条 鉴定人应当到收治精神障碍患者的医疗机构面见、询问患者，该医疗机构应当予以配合。

鉴定人本人或者其近亲属与鉴定事项有利害关系，可能影响其独立、客观、公正进行鉴定的，应当回避。

第三十四条 鉴定机构、鉴定人应当遵守有关法律、法规、规章的规定，尊重科学，恪守职业道德，按照精神障碍鉴定的实施程序、技术方法和操作规范，依法独立进行鉴定，出具客观、公正的鉴定报告。

鉴定人应当对鉴定过程进行实时记录并签名。记录的内容应当真实、客观、准确、完整，记录的文本或者声像载体应当妥善保存。

第三十五条 再次诊断结论或者鉴定报告表明，不能确定就诊者为严重精神障碍患者，或者患者不需要住院治疗的，医疗机构不得对其实施住院治疗。

再次诊断结论或者鉴定报告表明，精神障碍患者有本法第三十条第二款第二项情形的，其监护人应当同意对患者实施住院治疗。监护人阻碍实施住院治疗或者患者擅自脱离住院治疗的，可以由公安机关协助医疗机构采取措施对患者实施住院治疗。

在相关机构出具再次诊断结论、鉴定报告前，收治精神障碍患者的医疗机构应当按照诊疗规范的要求对患者实施住院治疗。

第三十六条 诊断结论表明需要住院治疗的精神障碍患者，本人没有能力办理住院手续的，由其监护人办理住院手续；患者属于查找不到监护人的流浪乞讨人员的，由送诊的有关部门办理住院手续。

精神障碍患者有本法第三十条第二款第二项情形，其监护人不办理住院手续的，由患者所在单位、村民委员会或者居民委员会办理住院手续，并由医疗机构在患者病历中予以记录。

第三十七条 医疗机构及其医务人员应当将精神障碍患者在诊断、治疗过程中享有的权利，告知患者或者其监护人。

第三十八条 医疗机构应当配备适宜的设施、设备，保护就诊和住院治疗的精神障碍患者的人身安全，防止其受到伤害，并为住院患者创造尽可能接近正常生活的环境和条件。

第三十九条 医疗机构及其医务人员应当遵循精神障碍诊断标准和治疗规范，制定治疗方案，并向精神障碍患者或者其监护人告知治疗方案和治疗方法、目的以及可能产生的后果。

第四十条 精神障碍患者在医疗机构内发生或者将要发生伤害自身、危害他人安全、扰乱医疗秩序的行为，医疗机构及其医务人员在没有其他可替代措施的情况下，可以实施约束、隔离等保护性医疗措施。实施保护性医疗措施应当遵循诊断标准和治疗规范，并在实施后告知患者的监护人。

禁止利用约束、隔离等保护性医疗措施惩罚精神障碍患者。

第四十一条 对精神障碍患者使用药物，应当以诊断和治疗为目的，使用安全、有效的药物，不得为诊断或者治疗以外的目的使用药物。

医疗机构不得强迫精神障碍患者从事生产劳动。

第四十二条 禁止对依照本法第三十条第二款规定实施住院治疗的精神障碍患者实施以治疗精神障碍为目的的外科手术。

第四十三条 医疗机构对精神障碍患者实施下列治疗措施，

应当向患者或者其监护人告知医疗风险、替代医疗方案等情况，并取得患者的书面同意；无法取得患者意见的，应当取得其监护人的书面同意，并经本医疗机构伦理委员会批准：

（一）导致人体器官丧失功能的外科手术；

（二）与精神障碍治疗有关的实验性临床医疗。

实施前款第一项治疗措施，因情况紧急查找不到监护人的，应当取得本医疗机构负责人和伦理委员会批准。

禁止对精神障碍患者实施与治疗其精神障碍无关的实验性临床医疗。

第四十四条 自愿住院治疗的精神障碍患者可以随时要求出院，医疗机构应当同意。

对有本法第三十条第二款第一项情形的精神障碍患者实施住院治疗的，监护人可以随时要求患者出院，医疗机构应当同意。

医疗机构认为前两款规定的精神障碍患者不宜出院的，应当告知不宜出院的理由；患者或者其监护人仍要求出院的，执业医师应当在病历资料中详细记录告知的过程，同时提出出院后的医学建议，患者或者其监护人应当签字确认。

对有本法第三十条第二款第二项情形的精神障碍患者实施住院治疗，医疗机构认为患者可以出院的，应当立即告知患者及其监护人。

医疗机构应当根据精神障碍患者病情，及时组织精神科执业医师对依照本法第三十条第二款规定实施住院治疗的患者进行检查评估。评估结果表明患者不需要继续住院治疗的，医疗机构应当立即通知患者及其监护人。

第四十五条 精神障碍患者出院，本人没有能力办理出院手续的，监护人应当为其办理出院手续。

第四十六条 医疗机构及其医务人员应当尊重住院精神障碍患者的通讯和会见探访者等权利。除在急性发病期或者为了避免妨碍治疗可以暂时性限制外，不得限制患者的通讯和会见探访者等权利。

第四十七条 医疗机构及其医务人员应当在病历资料中如实记录精神障碍患者的病情、治疗措施、用药情况、实施约束、隔离措施等内容，并如实告知患者或者其监护人。患者及其监护人可以查阅、复制病历资料；但是，患者查阅、复制病历资料可能对其治疗产生不利影响的除外。病历资料保存期限不得少于三十年。

第四十八条 医疗机构不得因就诊者是精神障碍患者，推诿或者拒绝为其治疗属于本医疗机构诊疗范围的其他疾病。

第四十九条 精神障碍患者的监护人应当妥善看护未住院治疗的患者，按照医嘱督促其按时服药、接受随访或者治疗。村民委员会、居民委员会、患者所在单位等应当依患者或者其监护人的请求，对监护人看护患者提供必要的帮助。

第五十条 县级以上地方人民政府卫生行政部门应当定期就下列事项对本行政区域内从事精神障碍诊断、治疗的医疗机构进行检查：

（一）相关人员、设施、设备是否符合本法要求；

（二）诊疗行为是否符合本法以及诊断标准、治疗规范的规定；

（三）对精神障碍患者实施住院治疗的程序是否符合本法规定；

（四）是否依法维护精神障碍患者的合法权益。

县级以上地方人民政府卫生行政部门进行前款规定的检查，应当听取精神障碍患者及其监护人的意见；发现存在违反本法行为的，应当立即制止或者责令改正，并依法作出处理。

第五十一条 心理治疗活动应当在医疗机构内开展。专门从事心理治疗的人员不得从事精神障碍的诊断，不得为精神障碍患者开具处方或者提供外科治疗。心理治疗的技术规范由国务院卫生行政部门制定。

第五十二条 监狱、强制隔离戒毒所等场所应当采取措施，保证患有精神障碍的服刑人员、强制隔离戒毒人员等获得治疗。

第五十三条 精神障碍患者违反治安管理处罚法或者触犯刑法的，依照有关法律的规定处理。

第四章 精神障碍的康复

第五十四条 社区康复机构应当为需要康复的精神障碍患者提供场所和条件，对患者进行生活自理能力和社会适应能力等方面的康复训练。

第五十五条 医疗机构应当为在家居住的严重精神障碍患者提供精神科基本药物维持治疗，并为社区康复机构提供有关精神障碍康复的技术指导和支持。

社区卫生服务机构、乡镇卫生院、村卫生室应当建立严重精神障碍患者的健康档案，对在家居住的严重精神障碍患者进行定期随访，指导患者服药和开展康复训练，并对患者的监护人进行精神卫生知识和看护知识的培训。县级人民政府卫生行政部门应当为社区卫生服务机构、乡镇卫生院、村卫生室开展上述工作给予指导和培训。

第五十六条　村民委员会、居民委员会应当为生活困难的精神障碍患者家庭提供帮助，并向所在地乡镇人民政府或者街道办事处以及县级人民政府有关部门反映患者及其家庭的情况和要求，帮助其解决实际困难，为患者融入社会创造条件。

第五十七条　残疾人组织或者残疾人康复机构应当根据精神障碍患者康复的需要，组织患者参加康复活动。

第五十八条　用人单位应当根据精神障碍患者的实际情况，安排患者从事力所能及的工作，保障患者享有同等待遇，安排患者参加必要的职业技能培训，提高患者的就业能力，为患者创造适宜的工作环境，对患者在工作中取得的成绩予以鼓励。

第五十九条　精神障碍患者的监护人应当协助患者进行生活自理能力和社会适应能力等方面的康复训练。

精神障碍患者的监护人在看护患者过程中需要技术指导的，社区卫生服务机构或者乡镇卫生院、村卫生室、社区康复机构应当提供。

第五章　保障措施

第六十条　县级以上人民政府卫生行政部门会同有关部门依据国民经济和社会发展规划的要求，制定精神卫生工作规划并组织实施。

精神卫生监测和专题调查结果应当作为制定精神卫生工作规划的依据。

第六十一条 省、自治区、直辖市人民政府根据本行政区域的实际情况，统筹规划，整合资源，建设和完善精神卫生服务体系，加强精神障碍预防、治疗和康复服务能力建设。

县级人民政府根据本行政区域的实际情况，统筹规划，建立精神障碍患者社区康复机构。

县级以上地方人民政府应当采取措施，鼓励和支持社会力量举办从事精神障碍诊断、治疗的医疗机构和精神障碍患者康复机构。

第六十二条 各级人民政府应当根据精神卫生工作需要，加大财政投入力度，保障精神卫生工作所需经费，将精神卫生工作经费列入本级财政预算。

第六十三条 国家加强基层精神卫生服务体系建设，扶持贫困地区、边远地区的精神卫生工作，保障城市社区、农村基层精神卫生工作所需经费。

第六十四条 医学院校应当加强精神医学的教学和研究，按照精神卫生工作的实际需要培养精神医学专门人才，为精神卫生工作提供人才保障。

第六十五条 综合性医疗机构应当按照国务院卫生行政部门的规定开设精神科门诊或者心理治疗门诊，提高精神障碍预防、诊断、治疗能力。

第六十六条 医疗机构应当组织医务人员学习精神卫生知识和相关法律、法规、政策。

从事精神障碍诊断、治疗、康复的机构应当定期组织医务人员、工作人员进行在岗培训，更新精神卫生知识。

县级以上人民政府卫生行政部门应当组织医务人员进行精

神卫生知识培训，提高其识别精神障碍的能力。

第六十七条 师范院校应当为学生开设精神卫生课程；医学院校应当为非精神医学专业的学生开设精神卫生课程。

县级以上人民政府教育行政部门对教师进行上岗前和在岗培训，应当有精神卫生的内容，并定期组织心理健康教育教师、辅导人员进行专业培训。

第六十八条 县级以上人民政府卫生行政部门应当组织医疗机构为严重精神障碍患者免费提供基本公共卫生服务。

精神障碍患者的医疗费用按照国家有关社会保险的规定由基本医疗保险基金支付。医疗保险经办机构应当按照国家有关规定将精神障碍患者纳入城镇职工基本医疗保险、城镇居民基本医疗保险或者新型农村合作医疗的保障范围。县级人民政府应当按照国家有关规定对家庭经济困难的严重精神障碍患者参加基本医疗保险给予资助。人力资源社会保障、卫生、民政、财政等部门应当加强协调，简化程序，实现属于基本医疗保险基金支付的医疗费用由医疗机构与医疗保险经办机构直接结算。

精神障碍患者通过基本医疗保险支付医疗费用后仍有困难，或者不能通过基本医疗保险支付医疗费用的，民政部门应当优先给予医疗救助。

第六十九条 对符合城乡最低生活保障条件的严重精神障碍患者，民政部门应当会同有关部门及时将其纳入最低生活保障。

对属于农村五保供养对象的严重精神障碍患者，以及城市中无劳动能力、无生活来源且无法定赡养、抚养、扶养义务人，或者其法定赡养、抚养、扶养义务人无赡养、抚养、扶养能力的严重精神障碍患者，民政部门应当按照国家有关规定予以供养、救助。

前两款规定以外的严重精神障碍患者确有困难的，民政部门可以采取临时救助等措施，帮助其解决生活困难。

第七十条 县级以上地方人民政府及其有关部门应当采取有效措施，保证患有精神障碍的适龄儿童、少年接受义务教育，扶持有劳动能力的精神障碍患者从事力所能及的劳动，并为已经康复的人员提供就业服务。

国家对安排精神障碍患者就业的用人单位依法给予税收优惠，并在生产、经营、技术、资金、物资、场地等方面给予扶持。

第七十一条 精神卫生工作人员的人格尊严、人身安全不受侵犯，精神卫生工作人员依法履行职责受法律保护。全社会应当尊重精神卫生工作人员。

县级以上人民政府及其有关部门、医疗机构、康复机构应当采取措施，加强对精神卫生工作人员的职业保护，提高精神卫生工作人员的待遇水平，并按照规定给予适当的津贴。精神卫生工作人员因工致伤、致残、死亡的，其工伤待遇以及抚恤按照国家有关规定执行。

第六章 法律责任

第七十二条 县级以上人民政府卫生行政部门和其他有关部门未依照本法规定履行精神卫生工作职责，或者滥用职权、玩忽职守、徇私舞弊的，由本级人民政府或者上一级人民政府有关部门责令改正，通报批评，对直接负责的主管人员和其他直接责任人员依法给予警告、记过或者记大过的处分；造成严重后果的，给予降级、撤职或者开除的处分。

第七十三条 不符合本法规定条件的医疗机构擅自从事精神障碍诊断、治疗的，由县级以上人民政府卫生行政部门责令停止相关诊疗活动，给予警告，并处五千元以上一万元以下罚款，有违法所得的，没收违法所得；对直接负责的主管人员和其他直接责任人员依法给予或者责令给予降低岗位等级或者撤职、开除的处分；对有关医务人员，吊销其执业证书。

第七十四条 医疗机构及其工作人员有下列行为之一的，由县级以上人民政府卫生行政部门责令改正，给予警告；情节严重的，对直接负责的主管人员和其他直接责任人员依法给予或者责令给予降低岗位等级或者撤职、开除的处分，并可以责令有关医务人员暂停一个月以上六个月以下执业活动：

（一）拒绝对送诊的疑似精神障碍患者作出诊断的；

（二）对依照本法第三十条第二款规定实施住院治疗的患者未及时进行检查评估或者未根据评估结果作出处理的。

第七十五条 医疗机构及其工作人员有下列行为之一的，由县级以上人民政府卫生行政部门责令改正，对直接负责的主管人员和其他直接责任人员依法给予或者责令给予降低岗位等级或者撤职的处分；对有关医务人员，暂停六个月以上一年以下执业活动；情节严重的，给予或者责令给予开除的处分，并吊销有关医务人员的执业证书：

（一）违反本法规定实施约束、隔离等保护性医疗措施的；

（二）违反本法规定，强迫精神障碍患者劳动的；

（三）违反本法规定对精神障碍患者实施外科手术或者实验性临床医疗的；

（四）违反本法规定，侵害精神障碍患者的通讯和会见探访者等权利的；

（五）违反精神障碍诊断标准，将非精神障碍患者诊断为精神障碍患者的。

第七十六条 有下列情形之一的，由县级以上人民政府卫生行政部门、工商行政管理部门依据各自职责责令改正，给予警告，并处五千元以上一万元以下罚款，有违法所得的，没收违法所得；造成严重后果的，责令暂停六个月以上一年以下执业活动，直至吊销执业证书或者营业执照：

（一）心理咨询人员从事心理治疗或者精神障碍的诊断、治疗的；

（二）从事心理治疗的人员在医疗机构以外开展心理治疗活动的；

（三）专门从事心理治疗的人员从事精神障碍的诊断的；

（四）专门从事心理治疗的人员为精神障碍患者开具处方或者提供外科治疗的。

心理咨询人员、专门从事心理治疗的人员在心理咨询、心理治疗活动中造成他人人身、财产或者其他损害的，依法承担民事责任。

第七十七条 有关单位和个人违反本法第四条第三款规定，给精神障碍患者造成损害的，依法承担赔偿责任；对单位直接负责的主管人员和其他直接责任人员，还应当依法给予处分。

第七十八条　违反本法规定,有下列情形之一,给精神障碍患者或者其他公民造成人身、财产或者其他损害的,依法承担赔偿责任:

(一)将非精神障碍患者故意作为精神障碍患者送入医疗机构治疗的;

(二)精神障碍患者的监护人遗弃患者,或者有不履行监护职责的其他情形的;

(三)歧视、侮辱、虐待精神障碍患者,侵害患者的人格尊严、人身安全的;

(四)非法限制精神障碍患者人身自由的;

(五)其他侵害精神障碍患者合法权益的情形。

第七十九条　医疗机构出具的诊断结论表明精神障碍患者应当住院治疗而其监护人拒绝,致使患者造成他人人身、财产损害的,或者患者有其他造成他人人身、财产损害情形的,其监护人依法承担民事责任。

第八十条　在精神障碍的诊断、治疗、鉴定过程中,寻衅滋事,阻挠有关工作人员依照本法的规定履行职责,扰乱医疗机构、鉴定机构工作秩序的,依法给予治安管理处罚。

违反本法规定,有其他构成违反治安管理行为的,依法给予治安管理处罚。

第八十一条　违反本法规定,构成犯罪的,依法追究刑事责任。

第八十二条　精神障碍患者或者其监护人、近亲属认为行政机关、医疗机构或者其他有关单位和个人违反本法规定侵害患者合法权益的,可以依法提起诉讼。

第七章 附 则

第八十三条 本法所称精神障碍,是指由各种原因引起的感知、情感和思维等精神活动的紊乱或者异常,导致患者明显的心理痛苦或者社会适应等功能损害。

本法所称严重精神障碍,是指疾病症状严重,导致患者社会适应等功能严重损害、对自身健康状况或者客观现实不能完整认识,或者不能处理自身事务的精神障碍。

本法所称精神障碍患者的监护人,是指依照民法通则的有关规定可以担任监护人的人。

第八十四条 军队的精神卫生工作,由国务院和中央军事委员会依据本法制定管理办法。

第八十五条 本法自2013年5月1日起施行。

附 录

精神疾病司法鉴定暂行规定

(1989年7月11日最高法院、最高检察院、公安部、司法部、卫生部颁布,1989年8月1日实施)

第一章 总 则

第一条 根据《中华人民共和国刑法》、《中华人民共和国刑事诉讼法》、《中华人民共和国民法通则》、《中华人民共和国民事诉讼法》(试行)、《中华人民共和国治安管理处罚条例》及其他有关法规,为司法机关依法正确处理案件,保护精神疾病患者的合法权益,特制定本规定。

第二条 精神疾病的司法鉴定,根据案件事实和被鉴定人的精神状态,作出鉴定结论,为委托鉴定机关提供有关法定能力的科学证据。

第二章 司法鉴定机构

第三条 为开展精神疾病的司法鉴定工作,各省、自治区、直辖市、地区、地级市,应当成立精神疾病司法鉴定委员会,负责审查、批准鉴定人,组织技术鉴定组,协助、开展鉴定工作。

第四条 鉴定委员会由人民法院、人民检察院和公安、司法、卫生机关的有关负责干部和专家若干人组成，人选由上述机关协商确定。

第五条 鉴定委员会根据需要，可以设置若干个技术鉴定组，承担具体鉴定工作，其成员由鉴定委员会聘请、指派。技术鉴定组不得少于两名成员参加鉴定。

第六条 对疑难案件，在省、自治区、直辖市内难以鉴定的，可以由委托鉴定机关重新委托其他省、自治区、直辖市鉴定委员会进行鉴定。

第三章 鉴定内容

第七条 对可能患有精神疾病的下列人员应当进行鉴定：

（一）刑事案件的被告人、被害人；

（二）民事案件的当事人；

（三）行政案件的原告人（自然人）；

（四）违反治安管理应当受拘留处罚的人员；

（五）劳动改造的罪犯；

（六）劳动教养人员；

（七）收容审查人员；

（八）与案件有关需要鉴定的其他人员。

第八条 鉴定委员会根据情况可以接受被鉴定人补充鉴定、重新鉴定、复核鉴定的要求。

第九条 刑事案件中，精神疾病司法鉴定包括：

（一）确定被鉴定人是否患有精神疾病，患何种精神疾病，实施危害行为时的精神状态，精神疾病和所实施的危害行为之间的关系，以及有无刑事责任能力。

（二）确定被鉴定人在诉讼过程中的精神状态以及有无诉讼能力。

（三）确定被鉴定人在服刑期间的精神状态以及对应当采取的法律措施的建议。

第十条 民事案件中精神疾病司法鉴定任务如下：

（一）确定被鉴定人是否患有精神疾病，患何种精神疾病，在进行民事活动时的精神状态，精神疾病对其意思表达能力的影响，以及有无民事行为能力。

（二）确定被鉴定人在调解或审理阶段期间的精神状态，以及有无诉讼能力。

第十一条 确定各类案件的被害人等，在其人身、财产等合法权益遭受侵害时的精神状态，以及对侵犯行为有无辨认能力或者自我防卫、保护能力。

第十二条 确定案件中有关证人的精神状态，以及有无作证能力。

第四章 鉴定人

第十三条 具有下列资格之一的，可以担任鉴定人：

（一）具有五年以上精神科临床经验并具有司法精神病学知识的主治医师以上人员。

（二）具有司法精神病学知识、经验和工作能力的主检法医师以上人员。

第十四条 鉴定人权利

（一）被鉴定人案件材料不充分时，可以要求委托鉴定机关提供所需要的案件材料。

（二）鉴定人有权通过委托鉴定机关，向被鉴定人的工作单位和亲属以及有关证人了解情况。

（三）鉴定人根据需要有权要求委托鉴定机关将被鉴定人移送至收治精神病人的医院住院检查和鉴定。

（四）鉴定机构可以向委托鉴定机关了解鉴定后的处理情况。

第十五条　鉴定人义务

（一）进行鉴定时，应当履行职责，正确、及时地作出鉴定结论。

（二）解答委托鉴定机关提出的与鉴定结论有关的问题。

（三）保守案件秘密。

（四）遵守有关回避的法律规定。

第十六条　鉴定人在鉴定过程中徇私舞弊、故意作虚假鉴定的，应当追究法律责任。

第五章　委托鉴定和鉴定书

第十七条　司法机关委托鉴定时，需有《委托鉴定书》，说明鉴定的要求和目的，并应当提供下列材料：

（一）被鉴定人及其家庭情况；

（二）案件的有关材料；

（三）工作单位提供的有关材料；

（四）知情人对被鉴定人精神状态的有关证言；

（五）医疗记录和其他有关检查结果。

第十八条　鉴定结束后，应当制作《鉴定书》。《鉴定书》

包括以下内容：

（一）委托鉴定机关的名称；

（二）案由、案号、鉴定书号；

（三）鉴定的目的和要求；

（四）鉴定的日期、场所、在场人；

（五）案情摘要；

（六）被鉴定人的一般情况；

（七）被鉴定人发案时和发案前后各阶段的精神状态；

（八）被鉴定人精神状态检查和其他检查所见；

（九）分析说明；

（十）鉴定结论；

（十一）鉴定人员签名，并加盖鉴定专用章；

（十二）有关医疗或监护的建议。

第六章 责任能力和行为能力的评定

第十九条 刑事案件被鉴定人责任能力的评定：被鉴定人实施危害行为时，经鉴定患有精神疾病，由于严重的精神活动障碍，致使不能辨认或者不能控制自己行为的，为无刑事责任能力。被鉴定人实施危害行为时，经鉴定属于下列情况之一的，为具有责任能力：

1. 具有精神疾病的既往史，但实施危害行为时并无精神异常；

2. 精神疾病的间歇期，精神症状已经完全消失。

第二十条 民事案件被鉴定人行为能力的评定：

（一）被鉴定人在进行民事活动时，经鉴定患有精神疾病，由于严重的精神活动障碍致使不能辨认或者不能保护自己合法权益的，为无民事行为能力。

（二）被鉴定人在进行民事活动时，经鉴定患有精神疾病，由于精神活动障碍，致使不能完全辨认、不能控制或者不能完全保护自己合法权益的，为限制民事行为能力。

（三）被鉴定人在进行民事活动时，经鉴定属于下列情况之一的，为具有民事行为能力：

1. 具有精神疾病既往史，但在民事活动时并无精神异常；

2. 精神疾病的间歇期，精神症状已经消失；

3. 虽患有精神疾病，但其病理性精神活动具有明显局限性，并对他所进行的民事活动具有辨认能力和能保护自己合法权益的；

4. 智能低下，但对自己的合法权益仍具有辨认能力和保护能力的。

第二十一条　诉讼过程中有关法定能力的评定

（一）被鉴定人为刑事案件的被告人，在诉讼过程中，经鉴定患有精神疾病，致使不能行使诉讼权利的，为无诉讼能力。

（二）被鉴定人为民事案件的当事人或者是刑事案件的自诉人，在诉讼过程中经鉴定患有精神疾病，致使不能行使诉讼权利的，为无诉讼能力。

（三）控告人、检举人、证人等提供不符合事实的证言，经鉴定患有精神疾病，致使缺乏对客观事实的理解力或判断力的，为无作证能力。

第二十二条　其他有关法定能力的评定

（一）被鉴定人是女性，经鉴定患有精神疾病，在她的性不可侵犯权遭到侵害时,对自身所受的侵害或严重后果缺乏实质性理解能力的,为无自我防卫能力。

(二)被鉴定人在服刑、劳动教养或者被裁决受治安处罚中,经鉴定患有精神疾病,由于严重的精神活动障碍,致使其无辨认能力或控制能力,为无服刑、受劳动教养能力或者无受处罚能力。

第七章　附　则

第二十三条　本规定自 1989 年 8 月 1 日起施行。

关于进一步加强精神卫生工作的指导意见

国务院办公厅转发卫生部等部门
关于进一步加强精神卫生工作指导意见的通知
国办发〔2004〕71号

各省、自治区、直辖市人民政府，国务院各部委、各直属机构：

卫生部、教育部、公安部、民政部、司法部、财政部、中国残联《关于进一步加强精神卫生工作的指导意见》已经国务院同意，现转发给你们，请认真贯彻执行。

国务院办公厅
二〇〇四年九月二十日

精神疾病是在各种生物学、心理学以及社会环境因素影响下人的大脑功能失调，导致认知、情感、意志和行为等精神活动出现不同程度障碍的疾病，不仅严重影响精神疾病患者及其家属的生活质量，同时也给社会带来沉重的负担。加强精神卫生工作，做好精神疾病的防治，预防和减少各类不良心理行为问题的发生，关系到人民群众的身心健康和社会的繁荣稳定，对保障我国经济社会全面、协调和持续发展具有重要意义。党和政府历来重视精神卫生工作，多年来采取了一系列政策措施，取得了明显成效。目前，我国正处于社会转型期，各种社会矛盾增多，竞争压力加大，人口和家庭结构变化明显，严重精神疾病患病率呈上升趋势。与此同时，儿童和青少年心理行为问题、老年性痴呆和抑郁、药品滥用、自杀和重大灾害后受灾人群心理危机等方面的问题也日益突出。精神卫生已成为重大的公共卫生问题和突出的社会问题。为进一步加强精神卫生工作，现提出以下意见。

一、指导原则

精神卫生工作要按照"预防为主、防治结合、重点干预、广泛覆盖、依法管理"的原则，建立"政府领导、部门合作、社会参与"的工作机制，探索符合我国实际的精神卫生工作发展思路，建立健全精神卫生服务网络，把防治工作重点逐步转移到社区和基层。建立以政府投入为主、多渠道筹资的模式，保障精神疾病预防与控制工作的开展；加强重点精神疾病的治疗与康复，突出重点人群的心理行为问题干预，努力开展精神疾病患者救治救助，切实提高人民群众的自我防护意识，预防和减少精神障碍的发生，最大限度满足人民群众对精神卫生服务的需求；建立健全精神卫生的法律法规；加强精神卫生工作队伍建设和科研工作。

二、工作目标

按照卫生部、民政部、公安部、中国残联《中国精神卫生工作规划（2002-2010年）》确立的工作目标，普通人群心理健康知识和精神疾病预防知识知晓率2005年达到30%，2010年达到50%；儿童和青少年精神疾病和心理行为问题发生率2010年降到12%；精神分裂症治疗率2005年达到50%，2010年达到60%；精神疾病治疗与康复工作覆盖人口2005年达到4亿人，

2010年达到8亿人。

三、组织领导

（一）落实政府责任

地方各级人民政府要切实负起责任，建立部门协调工作制度，把精神卫生工作列入国民经济和社会发展计划，纳入政府议事日程，根据本地区实际，提出精神卫生工作目标，统筹规划，采取措施，抓好落实。要根据本地区经济社会发展水平和精神卫生工作需要安排必要的工作经费，落实对精神卫生机构的补助政策。要进一步完善有利于精神卫生工作的税收优惠政策和物价政策，研究制订鼓励单位、团体和个人资助精神疾病防治工作的办法，鼓励社会资源投向精神疾病的防治工作。

（二）加强分工协作

卫生、民政、公安、教育、司法、残联、共青团、妇联、老龄委等部门、单位和团体要针对日益突出的精神卫生问题，在各自职责范围内采取有效的预防和控制措施，加大工作力度，并加强协调配合，形成合力。卫生部门所属精神卫生机构要承担精神疾病患者的救治任务，调整现有精神卫生机构的服务方向和重点，提高治疗与康复水平。民政部门所属精神卫生机构要承担在服役期间患精神疾病复员、退伍军人的救治任务，并及时收容和治疗无劳动能力、无生活来源、无赡养和抚养人的精神疾病患者。公安机关要了解掌握本地区内可能肇事肇祸精神疾病患者的有关情况，督促家属落实日常监管和治疗措施，对严重肇事肇祸精神疾病患者实施强制治疗，安康医院负责做好治疗工作；没有安康医院的省、自治区、直辖市要尽快建立。司法部门要结合监管场所的医疗卫生工作，做好被监管人员精神疾病的治疗与康复工作。

（三）营造社会氛围

大力开展经常性精神卫生知识宣传工作，围绕每年10月10日"世界精神卫生日"积极开展精神卫生知识宣传和心理健康教育与咨询服务，提高人民群众的心理健康水平，消除社会对精神疾病患者的偏见。

四、重点人群心理行为干预

（一）重视儿童和青少年心理行为问题的预防和干预

加强对学校教师、班主任、校医等的心理健康教育和精神卫生知识培训，提高早期发现儿童和青少年心理行为问题的能力。依靠学校现有工作队伍和网络，在心理健康教育和精神卫生专业技术人员的指导下，针对不同年龄儿童和青少年的特点，开展心理健康教育（包括技能训练）与咨询服务，为儿童和青少年提供心理指导和帮助。

（二）加强妇女心理行为问题和精神疾病的研究和干预

维护有精神疾病和不良心理行为问题的妇女的权益，加强妇女孕产期心理健康保健和常见心理行为问题的识别及处理工作，降低其产前、产后不良心理反应发生率；做好妇女更年期心理健康咨询和指导工作。加强农村妇女心理行为问题的多学科研究，开展针对农村妇女的心理健康咨询和危机干预服务，采取有效措施降低农村妇女精神疾病患病率。

（三）开展老年心理健康宣传和精神疾病干预

利用现有精神卫生资源，建立老年性痴呆干预网络，普及老年性痴呆和抑郁等精神疾病的预防知识，开展心理健康咨询活动并提供有效的支持和帮助，提高老年人生活质量。

（四）加强救灾工作中的精神卫生救援

加快制订灾后精神卫生救援预案，从组织、人员和措施上提供保证，降低灾后精神疾病患病率。积极开展重大灾害后受灾人群心理干预和心理应激救援工作，评估受灾人群的精神卫生需求，确定灾后心理卫生干预的重点人群，提供电话咨询、门诊治疗等危机干预服务。

（五）开展职业人群和被监管人群的精神卫生工作

针对不同地区、不同类别职业人群的具体情况制订适宜计划，疏导和缓解职工因工作、家庭生活等带来的压力。把被监管人员的精神卫生工作纳入本地区精神卫生工作计划，加强对公安机关监管民警，监狱、劳教部门民警和医护人员的精神卫生知识培训，根据被监管人员精神卫生流行病学特点，针对不同类型、不同特点的被监管人员开展心理治疗和心理矫正工作。

五、加强精神疾病的治疗与康复工作

（一）建立健全精神卫生服务体系和网络

地方各级人民政府要根据区域卫生发展规划，统筹规划本地区现有各级各类精神卫生机构，明确功能定位，实现资源整合。要按照精神卫生机构为主体，综合医院精神科为辅助，基层医疗卫生机构和精神疾病社区康复机构为依托的原则，建立健全精神卫生服务体系和网络。尚未建立精神卫生机构的省、自治区、直辖市要尽快建立，各市（地）应根据实际情况建立专门机构或指定综合医院承担本地区精神疾病和心理行为问题的预防、治疗与康复以及技术指导与培训工作。

（二）加强社区和农村精神卫生工作

各地区要充分发挥社区卫生服务体系在精神疾病患者治疗

与康复中的作用，根据实际情况在社区建立精神康复机构，并纳入社会福利发展计划。要充分发挥各级残联的优势，与卫生部门共同推广社会化、综合性、开放式精神疾病治疗与康复模式，完善医疗转诊制度，帮助精神疾病患者早日康复。要加强基层卫生人员的培训，普及心理健康和精神疾病防治知识，提高农村卫生机构精神疾病急救水平。

（三）加强重点精神疾病的治疗与康复工作

要采取措施为精神分裂症、抑郁症及双相情感障碍、老年性痴呆和抑郁等重点精神疾病患者提供适当的治疗与康复服务。加强精神疾病药品的管理和供给工作，积极开展以药物为主的综合治疗，不断提高治疗与康复水平。对精神疾病患者被关锁（以无理的办法限制其人身自由）情况进行普查摸底，从治疗、看护、资助等方面制订可行的解锁方案，积极进行监护治疗和定期随访。逐步提高精神疾病患者的社会适应能力，使其回归社会。把精神疾病患者中的贫困人群纳入医疗救助范围予以救助。

六、加快精神卫生工作队伍建设步伐

（一）逐步建立专业技术人员资格认定制度

卫生部要会同有关部门和单位研究建立心理治疗与咨询的执业资格制度，加强对从事心理治疗与咨询工作人员的执业准入管理。心理治疗与咨询工作人员上岗前必须接受专业教育，上岗后要保证必要的专业进修时间，不断提高专业技术水平和服务能力。

（二）加强人才培养和教育工作

要加强医学院校在校学生、现有精神专科和非精神卫生专业医护人员以及其他从事精神卫生工作人员的精神卫生知识的培训，提高对常见精神疾病的早期识别和有效处理的能力。加强医德医风建设,加强精神卫生从业人员职业道德、职业纪律和医学伦理学教育,增强法制观念和服务意识。改善精神卫生工作专业技术人员的工作条件和生活待遇,促进精神卫生工作队伍的发展。

七、加强精神卫生科研和疾病监测工作

重视和支持精神卫生的科学研究,积极鼓励把科研成果应用于防治工作实践,开展各种形式的国内外学术、人员交流与科研合作,提高我国精神卫生工作的整体水平。完善精神疾病信息监测网络,加强监测工作,有条件的地区要积极开展精神疾病流行病学调查,及时掌握精神疾病流行情况和发展趋势。

八、依法保护精神疾病患者的合法权益

加快精神卫生国家立法进程,进一步完善地方性法规。实施精神疾病患者及其监护人的知情同意权,保障精神疾病患者就诊的合法权益,任何人不得以任何借口或方式侵害精神疾病患者的合法权益。要经过司法精神病学鉴定,对精神疾病患者责任能力进行评估后,按照法律程序处理需强制住院患者的有关问题或有关案件的问题,加强对经鉴定无责任能力的精神疾病患者的监管和治疗工作。鉴定工作要严格依照法律法规和技术规范要求进行,确保鉴定科学、公正,保护精神疾病患者的合法权益。同时,要强化对精神卫生工作的行政执法监督,禁止各种形式的非法执业活动。

卫生部　教育部
公安部　民政部
司法部　财政部　中国残联
二〇〇四年八月

全国精神卫生工作规划（2015—2020年）

国务院办公厅关于转发卫生计生委等部门
全国精神卫生工作规划（2015—2020年）的通知
国办发〔2015〕44号

各省、自治区、直辖市人民政府，国务院各部委、各直属机构：

卫生计生委、中央综治办、发展改革委、教育部、公安部、民政部、司法部、财政部、人力资源社会保障部、中国残联《全国精神卫生工作规划（2015—2020年）》已经国务院同意，现转发给你们，请结合实际认真贯彻执行。

国务院办公厅
2015年6月4日

精神卫生是影响经济社会发展的重大公共卫生问题和社会问题。加强精神卫生工作，是深化医药卫生体制改革、维护和增进人民群众身心健康的重要内容，是全面推进依法治国、创新社会治理、促进社会和谐稳定的必然要求，对于建设健康中国、法治中国、平安中国具有重要意义。为深入贯彻落实《中华人民共和国精神卫生法》和《中共中央 国务院关于深化医药卫生体制改革的意见》，加强精神障碍的预防、治疗和康复工作,推动精神卫生事业全面发展,制定本规划。

一、规划背景

党和政府高度重视精神卫生工作,先后采取一系列政策措施,推动精神卫生事业发展。特别是"十二五"期间,精神卫生工作作为保障和改善民生以及加强和创新社会管理的重要举措,被列入国民经济和社会发展总体规划。在党中央、国务院的重视与支持下,有关部门加强协作,围绕《中华人民共和国精神卫生法》的贯彻落实,组织实施精神卫生防治体系建设与发展规划,安排资金改扩建精神卫生专业机构,改善精神障碍患者就医条件,通过基本公共卫生服务项目和重大公共卫生专项支持各地开展严重精神障碍患者管理服务,将严重精神障碍纳入城乡居民大病保险、重大疾病保障及城乡医疗救助制度范围,依法依规对不负刑事责任的精神障碍患者实施强制医疗,积极开展复员退伍军人、流浪乞讨人员、"三无"(无劳动能力、无生活来源且无法定赡养、抚养、扶养义务人,或者其法定赡养、抚养、扶养义务人无赡养、抚养、扶养能力)人员中精神障碍患者救治救助。各地认真贯彻党中央、国务院部署要求,落实政府责任,完善保障机制,强化工作措施,深入开展严重精神障碍管理治疗工作,取得了显著成效,各级精神卫生工作政府领导与部门协调机制逐步建立,全国精神卫生防治体系和服务网络基本形成。截至2014年底,全国已登记在册严重精神障碍患者430万人,其中73.2%的患者接受了基层医疗卫生机构提供的随访管理及康复指导服务。

随着经济社会快速发展,生活节奏明显加快,心理应激因素日益增加,焦虑症、抑郁症等常见精神障碍及心理行为问题逐年增多,心理应激事件及精神障碍患者肇事肇祸案(事)件时有发生，老年痴呆症、儿童孤独症等特定人群疾病干预亟需加强，我国精神卫生工作仍然面临严峻挑战。

目前，我国精神卫生服务资源十分短缺且分布不均，全国共有精神卫生专业机构1650家，精神科床位22.8万张，精神科医师2万多名，主要分布在省级和地市级，精神障碍社区康复体系尚未建立。部分地区严重精神障碍患者发现、随访、管理工作仍不到位，监护责任难以落实，部分贫困患者得不到有效救治，依法被决定强制医疗和有肇事肇祸行为的患者收治困难。公众对焦虑症、抑郁症等常见精神障碍和心理行为问题认知率低，社会偏见和歧视广泛存在，讳疾忌医多，科学就诊少。总体上看，我国现有精神卫生服务能力和水平远不能满足人民群众的健康需求及国家经济建设和社会管理的需要。世界卫生组织《2013—2020年精神卫生综合行动计划》提出，心理行为问题在世界范围内还将持续增多，应当引起各国政府的高度重视。

二、总体要求

（一）指导思想

以邓小平理论、"三个代表"重要思想、科学发展观为指导，深入贯彻党的十八大和十八届二中、三中、四中全会精神，认真实施《中华人民共和国精神卫生法》，按照党中央、国务院部署要求，以健全服务体系为抓手，以加强患者救治管理为重点，以维护社会和谐为导向，统筹各方资源，完善工作机制，着力提高服务能力与水平，健全患者救治救助制度，保障患者合法权益，维护公众身心健康，推动精神卫生事业全面发展。

（二）总体目标

到2020年，普遍形成政府组织领导、各部门齐抓共管、社会组织广泛参与、家庭和单位尽力尽责的精神卫生综合服务管理机制。健全完善与经济社会发展水平相适应的精神卫生预防、治疗、康复服务体系，基本满足人民群众的精神卫生服务需求。健全精神障碍患者救治救助保障制度，显著减少患者重大肇事肇祸案（事）件发生。积极营造理解、接纳、关爱精神障碍患者的社会氛围，提高全社会对精神卫生重要性的认识，促进公众心理健康，推动社会和谐发展。

（三）具体目标

到2020年：

1. 精神卫生综合管理协调机制更加完善。省、市、县三级普遍建立精神卫生工作政府领导与部门协调机制。70%的乡镇（街道）建立由综治、卫生计生、公安、民政、司法行政、残联、老龄等单位参与的精神卫生综合管理小组。

2. 精神卫生服务体系和网络基本健全。健全省、市、县三级精神卫生专业机构，服务人口多且地市级机构覆盖不到的县（市、区）可根据需要建设精神卫生专业机构，其他县（市、区）至少在一所符合条件的综合性医院设立精神科。积极探索通过政府购买服务方式鼓励社会力量参与相关工作。

3. 精神卫生专业人员紧缺状况得到初步缓解。全国精神科执业（助理）医师数量增加到4万名。东部地区每10万人口精神科执业（助理）医师数量不低于3.8名，中西部地区不低于2.8名。基层医疗卫生机构普遍配备专职或兼职精神卫生防治人员。心理治疗师、社会工作师基本满足工作需要，社会组织及志愿者广泛参与精神卫生工作。

4. 严重精神障碍救治管理任务有效落实。掌握严重精神障碍患者数量，登记在册的严重精神障碍患者管理率达到80%以上，精神分裂症治疗率达到80%以上，符合条件的贫困严重精神障碍患者全部纳入医疗救助，患者肇事肇祸案（事）件特别是命案显著减少，有肇事肇祸行为的患者依法及时得到强制医疗或住院治疗。

5. 常见精神障碍和心理行为问题防治能力明显提升。公众对抑郁症等常见精神障碍的认识和主动就医意识普遍提高，医疗机构识别抑郁症的能力明显提升，抑郁症治疗率在现有基础上提高50%。各地普遍开展抑郁症等常见精神障碍防治，每个省（区、市）至少开通1条心理援助热线电话，100%的省（区、市）、70%的市（地、州、盟）建立心理危机干预队伍；发生突发事件时，均能根据需要及时、科学开展心理援助工作。

6. 精神障碍康复工作初具规模。探索建立精神卫生专业机构、社区康复机构及社会组织、家庭相互支持的精神障碍社区康复服务体系。70%以上的县（市、区）设有精神障碍社区康复机构或通过政府购买服务等方式委托社会组织开展康复工作。在开展精神障碍社区康复的县（市、区），50%以上的居家患者接受社区康复服务。

7. 精神卫生工作的社会氛围显著改善。医院、学校、社区、企事业单位、监管场所普遍开展精神卫生宣传及心理卫生保健。城市、农村普通人群心理健康知识知晓率分别达到70%、50%。高等院校普遍设立心理咨询与心理危机干预中心（室）并配备专职教师，中小学设立心理辅导室并配备专职或兼职教师，在校学生心理健康核心知识知晓率达到80%。

三、策略与措施

（一）全面推进严重精神障碍救治救助

加强患者登记报告。各级卫生计生、综治、公安、民政、司法行政、残联等单位要加强协作，全方位、多渠道开展严重精神障碍患者日常发现登记和发病报告。村（居）民委员会要积极发现辖区内的疑似精神障碍患者，可应其家属请求协助其就医。具有精神障碍诊疗资质的医疗机构要落实严重精神障碍发病报告管理制度，按要求报告确诊的严重精神障碍患者。基层医疗卫生机构发现辖区内的确诊严重精神障碍患者要及时登记，并录入国家严重精神障碍信息管理系统。

做好患者服务管理。各地要按照"应治尽治、应管尽管、应收尽收"的要求，积极推行"病重治疗在医院，康复管理在社区"的服务模式，对于急性期和病情不稳定的患者，基层医疗卫生机构要及时转诊到精神卫生专业机构进行规范治疗，病情稳定后回到村（社区）接受精神科基本药物维持治疗。各级综治组织应当协调同级相关部门，推动乡镇（街道）建立精神卫生综合管理小组，动员社区组织、患者家属参与居家患者管理。基层医疗卫生机构要按照国家基本公共卫生服务规范要求，为辖区内严重精神障碍患者建立健康档案，提供随访管理、危险性评估、服药指导等服务。基层医务人员、民警、民政干事、综治干部、网格员、残疾人专职委员等要协同随访病情不稳定患者，迅速应对突发事件苗头，协助患者及其家属解决治疗及生活中的难题。各级政府及相关部门要研究建立肇事肇祸精神障碍患者收治管理机制，畅通有肇事肇祸行为或危险的严重精神障碍患者收治渠道，设立应急医疗处置"绿色通道"，并明确经费来源及其他保障措施。中央财政继续通过重大公共卫生专项对各地严重精神障碍管理治疗工作予以支持。

落实救治救助政策。各地要做好基本医疗保险、城乡居民大病保险、医疗救助、疾病应急救助等制度的衔接，发挥整合效应，逐步提高精神障碍患者医疗保障水平。对于符合条件的贫困患者，要按照有关规定，资助其参加基本医疗保险并对其难以负担的基本医疗费用给予补助。对于无法查明身份患者所发生的急救费用和身份明确但无力缴费患者所拖欠的急救费用，要按照有关规定，先由责任人、工伤保险和基本医疗保险等各类保险，以及医疗救助基金、道路交通事故社会救助基金等渠道支付；无上述渠道或上述渠道费用支付有缺口时，由疾病应急救助基金给予补助。对于因医保统筹地区没有符合条件的精神卫生专业机构而转诊到异地就医的患者，医保报销比例应当按照参保地政策执行。民政、卫生计生、人力资源社会保障、财政等部门要研究完善符合精神障碍诊疗特点的社会救助制度，做好贫困患者的社会救助工作。对于符合最低生活保障条件的，各级民政部门要及时纳入低保；对于不符合低保条件但确有困难的，或获得最低生活保障后生活仍有困难的，应当通过临时救助等措施帮助其解决基本生活困难。

完善康复服务。各地要逐步建立健全精神障碍社区康复服务体系，大力推广社会化、综合性、开放式的精神障碍和精神残疾康复工作模式，建立完善医疗康复和社区康复相衔接的服务机制，加强精神卫生专业机构对社区康复机构的技术指导。研究制定加快精神卫生康复服务发展的政策意见，完善精神卫生康复服务标准和管理规范。加强复员退伍军人、特困人员、低收入人员、被监管人员等特殊群体中精神障碍患者的康复服务保障。随着保障能力的提升，逐步扩大基本医疗保险对符合条件的精神障碍治疗性康复服务项目的支付范围。开展精神障碍社区康复机构示范性项目建设，促进社区康复机构增点拓面，通过政府购买服务鼓励和引导社会资源提供精神障碍社区康复服务，促进精神障碍患者回归社会。

（二）逐步开展常见精神障碍防治

各级各类医疗卫生机构要开展医务人员精神障碍相关知识与技能培训，高等院校要加强对其心理咨询机构工作人员和学生工作者相关知识与技能培训，对就诊或求助者中的疑似精神障碍患者及时提供就医指导或转诊服务。精神卫生专业机构要建立会诊、转诊制度，指导其他医疗机构正确识别并及时转诊疑似精神障碍患者；要按照精神障碍分类及诊疗规范，提供科学规范合理的诊断与治疗服务，提高患者治疗率。各地要将抑郁症、儿童孤独症、老年痴呆症等常见精神障碍作为工作重点，关注妇女、儿童、老年人、职业人群的心理行为问题，探索适合本地区实际的常见精神障碍防治模式，鼓励有条件的地区为抑郁症患者提供随访服务。充分发挥中医药的作用，加强中医医疗机构精神类临床科室能力建设，鼓励中医专业人员开展常见精神障碍及心理行为问题防治和研究。

（三）积极开展心理健康促进工作

各地要依法将心理援助内容纳入地方各级政府突发事件应急预案，依托现有精神科医师、心理治疗师、社会工作师和护士，分级组建突发事件心理危机干预队伍，定期开展培训和演练，发生突发事件后及时组织开展心理援助。鼓励、支持社会组织提供规范的心理援助服务信息，引导其有序参与灾后心理援助。具备条件的城市要依托12320热线及精神卫生专业机构建设心理援助热线和网络平台，向公众提供心理健康公益服务。精神卫生专业机构应当配备心理治疗人员，为精神障碍患者及高危人群提供专业的心理卫生服务。综合性医院及其他专科医院要对就诊者进行心理健康指导，基层医疗卫生机构要向辖区内居民提供心理健康指导。各级各类学校应当设置心理健康教育机构并配备专职人员，建立学生心理健康教育工作机制，制订校园突发危机事件处理预案。高等院校要与精神卫生专业机构建立稳定的心理危机干预联动协调机制，并设立心理健康教育示范中心。用人单位应当将心理健康知识纳入岗前和岗位培训，创造有益于职工身心健康的工作环境。监狱、看守所、拘留所、强制隔离戒毒所等要加强对被监管人员的心理咨询和心理辅导。

（四）着力提高精神卫生服务能力

加强机构能力建设。"十三五"期间，国家有关部门重点支持各地提高基层精神卫生服务能力。各地要充分利用现有资源，大力加强县级精神卫生专业机构和精神障碍社区康复机构服务能力建设。各级卫生计生部门要委托同级精神卫生专业机构承担精神卫生技术管理和指导职能，负责医疗、预防、医学康复、健康教育、信息收集、培训和技术指导等工作。暂无精神卫生专业机构的地区，卫生计生部门要委托上一级或邻近地区精神卫生专业机构承担技术指导任务，并指定同级疾病预防控制机构负责相关业务管理。要鼓励社会资本举办精神卫生专业机构和社区康复机构，并通过政府购买服务发挥其在精神卫生防治管理工作中的作用。尚未建立强制医疗所的省（区、市），当地政府应当指定至少一所精神卫生专业机构履行强制医疗职能，并为其正常运转提供必要保障。

加强队伍建设。各地要建立健全精神卫生专业队伍，合理配置精神科医师、护士、心理治疗师，探索并逐步推广康复师、社会工作师和志愿者参与精神卫生服务的工作模式。各级精神卫生专业机构要按照区域内人口数及承担的精神卫生防治任务配置公共卫生人员，确保预防工作落实。每个基层医疗卫生机构至少配备1名专职或兼职人员承担严重精神障碍患者服务管理任务。教育部门要加强精神医学、应用心理学、社会工作学等精神卫生相关专业的人才培养工作；鼓励有条件的地区和高等院校举办精神医学本科专业；在医学教育中保证精神病学、医学心理学等相关课程的课时。卫生计生部门要加强精神科住院医师规范化培训、精神科护士培训；开展在精神科从业但执业范围为非精神卫生专业医师的变更执业范围培训，以及县级综合医院和乡镇卫生院（社区卫生服务中心）中临床类别执业医师或全科医师增加精神卫生执业范围的上岗培训。开展中医类别医师精神障碍防治培训，鼓励基层符合条件的精神卫生防治人员取得精神卫生执业资格。制订支持心理学专业人员在医疗机构从事心理治疗工作的政策，卫生计生、人力资源社会保障部门共同完善心理治疗人员职称评定办法。落实国家对精神卫生工作人员的工资待遇政策，提高其待遇水平，稳定精神卫生专业队伍。

（五）逐步完善精神卫生信息系统

国家有关部门将精神卫生纳入全民健康保障信息化工程。省级卫生计生部门要统筹建设本地区精神卫生信息系统，并使其逐步与居民电子健康档案、电子病历和全员人口数据库对接。

承担精神卫生技术管理与指导任务的机构要做好严重精神障碍患者信息审核、分析等，定期形成报告，为相关部门决策提供依据。各地应当逐级建立卫生计生、综治、公安、民政、人力资源社会保障、司法行政、残联等单位的严重精神障碍患者信息共享机制，重视并加强患者信息及隐私保护工作。要依法建立精神卫生监测网络，基本掌握精神障碍患者情况和精神卫生工作信息，有条件的地区每5年开展一次本地区精神障碍流行病学调查。

（六）大力开展精神卫生宣传教育。

各地要将宣传教育摆到精神卫生工作的重要位置。宣传部门要充分发挥传统媒体和新媒体作用，广泛宣传"精神疾病可防可治，心理问题及早求助，关心不歧视，身心同健康"等精神卫生核心知识，以及患者战胜疾病、回归社会的典型事例，引导公众正确认识精神障碍和心理行为问题，正确对待精神障碍患者。要规范对有关肇事肇祸案（事）件的报道，未经鉴定避免使用"精神病人"称谓进行报道，减少负面影响。教育、司法行政、工会、共青团、妇联、老龄等单位要针对学生、农村妇女和留守儿童、职业人群、被监管人员、老年人等重点人群分别制订宣传教育策略，有针对性地开展心理健康教育活动。各级卫生计生部门要组织医疗卫生机构开展多种形式的精神卫生宣传，增进公众对精神健康及精神卫生服务的了解，提高自我心理调适能力。

四、保障措施

（一）加强政府领导

各地要认真贯彻实施《中华人民共和国精神卫生法》，将精神卫生工作纳入当地国民经济和社会发展总体规划,制订年度工作计划和实施方案。建立完善精神卫生工作政府领导和部门协调机制。充分发挥基层综合服务管理平台作用,统筹规划,整合资源,切实加强本地区精神卫生服务体系建设。要将精神卫生有关工作作为深化医药卫生体制改革的重点内容,统筹考虑精神障碍患者救治救助、专业人才培养、专业机构运行保障等,推动精神卫生事业持续、健康、稳定发展。

(二) 落实部门责任

各有关部门要按照《中华人民共和国精神卫生法》规定及相关政策要求,切实履行责任,形成工作合力,确保工作落到实处。综治组织要发挥综合治理优势,推动精神卫生工作重点、难点问题的解决。各级综治组织要加强调查研究、组织协调和督导检查,将严重精神障碍患者救治救助工作纳入社会治安综合治理(平安建设)考评,加大检查考核力度,对因工作不重视、监督不到位、救治不及时,导致发生已登记严重精神障碍患者肇事肇祸重大案(事)件的,严肃追究相关责任人和部门的责任。发展改革、卫生计生、公安、民政、司法行政等部门要按照"应治尽治、应管尽管、应收尽收"的要求,切实加强精神卫生防治网络建设。综治、卫生计生、公安、民政、司法行政、残联等单位要强化协作,进一步完善严重精神障碍防治管理与康复服务机制。发展改革、卫生计生、人力资源社会保障等部门要加强对包括精神障碍在内的医疗服务价格形成机制的研究与指导。民政部门要会同残联、发展改革、卫生计生、财政等单位探索制订支持精神障碍患者康复服务工作发展的保障政策,加强康复服务机构管理,不断提高康复服务规范化、专业化水平。各级残联组织要认真贯彻落实《中华人民共和国残疾人保障法》有关规定和中国残疾人事业发展纲要提出的精神残疾防治康复工作要求，推行有利于精神残疾人参与社会生活的开放式管理模式，依法保障精神残疾人的合法权益。卫生计生、人力资源社会保障、工商行政管理等部门要加强研究论证，探索心理咨询机构的管理模式，制订发展和规范心理咨询机构的相关政策。

（三）保障经费投入

各级政府要将精神卫生工作经费列入本级财政预算，根据精神卫生工作需要，加大财政投入力度，保障精神卫生工作所需经费，并加强对任务完成情况和财政资金使用绩效的考核，提高资金使用效益。各地要扎实推进基本公共卫生服务项目和严重精神障碍管理治疗工作，落实政府对精神卫生专业机构的投入政策。要建立多元化资金筹措机制，积极开拓精神卫生公益性事业投融资渠道，鼓励社会资本投入精神卫生服务和社区康复等领域。

（四）加强科学研究

各地区、各有关部门及研究机构要围绕精神卫生工作的发展要求，针对精神分裂症等重点疾病，以及儿童青少年、老年人等重点人群的常见、多发精神障碍和心理行为问题，开展基础和临床应用性研究。重点研发精神障碍早期诊断技术以及精神科新型药物和心理治疗等非药物治疗适宜技术。加强精神障碍流行病学调查、精神卫生法律与政策等软科学研究，为精神卫生政策制订与法律实施提供科学依据。促进精神障碍和心理行为问题的生物、心理、社会因素综合研究和相关转化医学研究。加强国际交流，吸收、借鉴和推广国际先进科学技术及成功经验，及时将国内外相关研究成果应用于精神卫生工作实践。

五、督导与评估

卫生计生委要会同有关部门制订规划实施分工方案，相关部门各负其责，共同组织本规划实施。各级政府要对规划实施进展、质量和成效进行督导与评估，将规划重点任务落实情况作为政府督查督办重要事项，并将结果作为对下一级政府绩效考核的重要内容。2017年，卫生计生委会同相关部门对规划实施情况进行中期考核；2020年，组织开展规划实施的终期效果评估。

北京市精神卫生条例

(2006年12月8日北京市第十二届人民代表大会常务委员会第三十三次会议通过,共分七章,自2007年3月1日起施行)

第一章 总 则

第一条 为了加强精神卫生工作,提高公民的精神健康水平,保障精神疾病患者的合法权益,促进社会的和谐稳定,根据有关法律、法规,结合本市实际情况,制定本条例。

第二条 本条例适用于本市行政区域内的精神健康促进和精神疾病的预防、诊断、治疗、康复等精神卫生服务以及相关的行政管理活动。

第三条 本市精神卫生工作遵循属地管理原则,坚持预防为主、防治结合、重点干预、广泛覆盖、依法管理的方针,建立政府领导、部门合作、社会参与的工作机制。

第四条 精神卫生工作是本市公共卫生体系建设的重要组成部分,应当纳入国民经济和社会发展规划。

本市根据经济社会发展水平和精神卫生工作需要,建立精神卫生工作经费保障制度,完善精神卫生服务网络,推动精神卫生事业的发展。

第五条 市和区、县人民政府统一组织领导本行政区域内的精神卫生工作。

市和区、县卫生行政部门是精神卫生工作的主管部门,负责组织制定和实施精神卫生工作规划，对精神卫生工作进行监督管理。

民政、公安、财政、人事、教育、发展改革、司法行政、工商、劳动和社会保障等行政部门和街道办事处、乡镇人民政府，应当在各自的职责范围内做好精神卫生相关工作。

工会、共青团、妇联、残联以及老龄委等社会团体和居民委员会、村民委员会，应当按照本条例的规定协助做好精神卫生工作。

第六条 精神疾病患者的合法权益受法律保护。

禁止歧视、侮辱精神疾病患者及其家庭成员；禁止虐待、遗弃精神疾病患者。

第七条 精神卫生从业人员的合法权益受法律保护。

全社会应当尊重和理解精神卫生从业人员。任何单位和个人不得干扰精神卫生机构及其从业人员的正常执业活动。

本市各级人民政府及其有关部门应当采取措施加强精神卫生从业人员的职业保护。

第八条 本市鼓励单位和个人关心、帮助精神疾病患者及其家庭，以提供资助、志愿服务等多种形式支持精神卫生事业的发展。

本市对在精神卫生工作中做出突出贡献的单位和个人给予表彰或者奖励。

第二章 精神健康促进与精神疾病预防

第九条 本市建立以精神疾病预防控制机构为主体、医疗机构为骨干、社区为基础、家庭为依托的精神疾病预防控制体系。具体办法由市卫生行政部门另行制定。

第十条 本市建立精神疾病信息报告制度。

市卫生行政部门应当建立精神疾病信息分类报告和管理系统。

医疗机构应当按照市卫生行政部门规定的内容、程序、时限和方式将确诊患有精神疾病的患者情况，向该医疗机构所在区、县的精神疾病预防控制机构报告。区、县精神疾病预防控制机构应当对信息进行核实，并向市精神疾病预防控制机构报告。

第十一条 区、县精神疾病预防控制机构应当对重性精神疾病患者建立档案，并将重性精神疾病患者信息通报社区卫生服务机构和街道办事处、乡镇人民政府。街道办事处、乡镇人民政府应当及时了解本辖区重性精神疾病患者的情况，并与精神疾病预防控制机构建立患者信息沟通机制。

区、县精神疾病预防控制机构和社区卫生服务机构应当定期访视重性精神疾病患者。居民委员会、村民委员会应当协助进行定期访视，并根据精神疾病患者的病情需要，协助其进行治疗。

第十二条 市和区、县人民政府应当将重大灾害的心理危机干预工作列入突发公共事件的应急预案。卫生行政部门应当组织开展心理危机干预的业务培训。

市和区、县人民政府及其有关部门在重大灾害处理过程中，应当组织开展心理危机干预工作，降低重大灾害发生后精神疾病的发病率。

第十三条 市和区、行政部门应当组织开展精神健康教育工作，普及精神卫生知识，提高公民的精神健康水平，预防精神疾病的发生。

市和区、县卫生行政部门应当加强对精神卫生专业人员的在职培训，提高其业务水平和工作能力；加强对医疗机构中非精神卫生专业人员的培训和教育，提高其识别精神疾病的能力；为公安、司法行政、民政、教育等行政部门以及相关社会团体开展精神卫生知识培训提供技术支持。

第十四条　教育、卫生行政部门应当对教师进行精神卫生知识培训，提高其促进学生精神健康的能力。学校应当为教师接受精神卫生知识培训提供必要条件。

学校应当将精神健康教育纳入教学计划，针对不同年龄阶段学生的特点，开展精神健康教育、咨询、辅导，创造有利于学生精神健康的学习环境，促进学生身心健康。高等学校和有条件的中小学校应当配备专业人员，为学生提供心理咨询服务。

第十五条　公安、司法行政等部门应当创造条件，加强对看守所、劳动教养场所、监狱内监管工作人员精神卫生知识的培训。

看守所、劳动教养场所、监狱应当对被监管人员加强精神卫生知识的宣传和教育，针对不同类型的被监管人员，提供心理咨询服务。

第十六条　科技行政部门应当加强经费投入，鼓励和支持科研院所、高等学校和医疗卫生机构开展精神卫生的基础研究和临床研究，提高精神疾病预防、诊断、治疗和康复的科学技术水平。

第十七条　街道办事处、乡镇人民政府应当宣传精神卫生知识，指导居民委员会、村民委员会组织居民开展健康有益的活动，营造有利于居民身心健康的生活环境。

第十八条　医疗机构应当向就医者宣传精神卫生知识、提供心理咨询服务，为社会开展精神卫生知识宣传和服务提供技术指导。

第十九条　残联、妇联、共青团、老龄委等社会团体应当针对残疾人、妇女、儿童、青少年、老年人等人群的特点，开展精神卫生知识的宣传、普及工作。

第二十条　广播、电视、报刊等新闻媒体应当向公众开展精神卫生知识的公益性宣传。

第二十一条　国家机关、社会团体、企业事业单位及其他组织应当关心职工的精神健康，普及精神卫生知识，创造有利于职工身心健康的工作环境，提高职工的精神健康水平。

第二十二条　设立营利性心理咨询机构应当向工商行政管理部门依法登记，领取营业执照；设立非营利性心理咨询机构应当向民政部门登记，取得《民办非企业单位登记证书》。

心理咨询机构不得从事精神疾病的诊断、治疗。

第二十三条　心理咨询机构的心理咨询人员应当从下列人员中聘用：

（一）具有心理学专业学历证书的人员；

（二）具有心理咨询国家职业资格证书的人员；

（三）具有精神科执业医师资格的人员。

心理咨询机构及其从业人员的执业规范，由市卫生、劳动和社会保障、人事等行政部门共同制定。

第三章　精神疾病的诊断与治疗

第二十四条　精神疾病的诊断、治疗机构应当取得卫生行政部门核发的《医疗机构执业许可证》，具备与开展精神疾病诊断和治疗相适应的设备、设施以及专业技术人员，建立健全管理制度。

第二十五条 本市三级综合性医疗机构应当开设从事精神卫生服务的专科门诊；社区卫生服务机构应当根据精神卫生工作的需求，开展相关精神卫生服务。

第二十六条 从事精神疾病诊断、治疗的人员应当具有医师执业证书；重性精神疾病的诊断应当由具有二年以上精神疾病诊断、治疗工作经验的精神科医师作出。

精神疾病的诊断、治疗应当严格遵守相关法律、法规和精神疾病诊断标准、诊疗规范。

第二十七条 被诊断患有精神疾病的患者或者其监护人、近亲属对诊断结论有异议的，可以向作出诊断的医疗机构申请诊断复核。医疗机构应当在收到申请之日起三个月内完成诊断复核。诊断复核结论应当由具有副主任医师以上职称的精神科医师作出。

对经诊断复核未能确诊或者对诊断复核结论有异议的，医疗机构应当组织会诊。

第二十八条 与精神疾病患者有人身或者财产利害关系的医师，不得为其进行诊断、诊断复核、会诊和治疗。

对精神疾病进行诊断的医师，不得为同一精神疾病患者进行诊断复核和会诊。

第二十九条 精神疾病患者自愿到医疗机构接受治疗的，由本人或者其监护人、近亲属办理就医手续。

自愿住院接受治疗的精神疾病患者，可以自行决定出院；

精神科医师认为不宜出院的，应当告知理由，由其监护人或者近亲属决定是否出院，并由医疗机构在病历中记录。

第三十条 经诊断患有重性精神疾病的患者，诊断医师应当提出医学保护性住院的建议。

医学保护性住院由重性精神疾病患者的监护人或者近亲属办理住院手续。监护人或者近亲属拒绝重性精神疾病患者接受医学保护性住院治疗的，应当说明理由，并由医疗机构在病历中记录。

经二名具有主治医师以上职称的精神科医师诊断，认为重性精神疾病患者可以出院的，由精神科医师出具出院通知书，重性精神疾病患者的监护人或者近亲属办理出院手续；重性精神疾病患者要求出院，但精神科医师认为患者不宜出院的，应当告知理由，由其监护人或者近亲属决定是否出院，并由医疗机构在病历中记录。

第三十一条 精神疾病患者有危害或者严重威胁公共安全或者他人人身、财产安全的行为的，公安机关可以将其送至精神卫生医疗机构，并及时通知其监护人或者近亲属；单位和个人发现上述情形的，可以制止并应当及时向公安机关报告。具体办法由市公安局会同有关部门制定。

第三十二条 对公安机关送来的精神疾病患者，应当由二名具有主治医师以上职称的精神科医师对其进行诊断。经诊断认为不需要住院治疗的，由医疗机构及时通知公安机关将精神疾病患者接回，交给其监护人或者近亲属；经诊断认为需要住院治疗的，由公安机关通知精神疾病患者的监护人或者近亲属办理住院手续。对无法通知到精神疾病患者监护人、近亲属的或者监护人、近亲属拒绝办理住院手续的,公安机关可以先行办理,并由医疗机构在病历中记录。

经二名具有主治医师以上职称的精神科医师诊断,认为精神疾病患者可以出院的,由公安机关通知精神疾病患者的监护人或者近亲属办理出院手续。监护人、近亲属拒绝办理出院手续的,由公安机关办理,将其交给监护人或者近亲属,并由医疗机构在病历中记录。

第三十三条 精神疾病患者的监护人或者近亲属应当履行下列职责:

(一)妥善看管、照顾精神疾病患者,防止其伤害自身、危害他人或者社会;

(二)根据医嘱,督促精神疾病患者接受治疗,为需要住院治疗的患者办理住院手;

(三)为经诊断可以出院的精神疾病患者办理出院手续;

(四)帮助精神疾病患者接受康复治疗或者职业技能培训;

(五)法律、法规规定的其他职责。

第四章 精神疾病的康复

第三十四条 本市逐步建立以社区康复为基础、家庭康复为依托、精神卫生机构提供专业技术指导的精神疾病康复体系。

第三十五条 区、县人民政府应当根据本辖区的实际需要,规划和建设社会福利性质的社区康复机构,为精神疾病患者提供康复服务。

市和区、县民政、卫生等行政部门以及残联,应当在技术指导、资金投入等方面对社区康复机构给予支持。

第三十六条　社区康复机构应当安排精神疾病患者参加有利于康复的活动。有条件的社区康复机构，应当组织精神疾病患者从事职业康复活动，提高其生活自理能力和社会适应能力。

鼓励企业将适合精神疾病患者生产的产品安排给社区康复机构生产。

第三十七条　精神卫生医疗机构应当安排适当的人员和场地，为住院治疗的精神疾病患者提供医疗康复服务；精神疾病患者的监护人或者近亲属应当协助住院治疗的精神疾病患者进行康复训练，使其恢复社会适应能力，协助其回归社会。

第三十八条　精神疾病患者的家庭成员应当营造有利于精神疾病患者康复的环境，协助其进行家庭治疗以及生活自理能力、社会适应能力等方面的康复训练。

第三十九条　精神疾病预防控制机构、精神卫生医疗机构和社区卫生服务机构，应当指导社区康复机构和精神疾病患者家庭开展精神疾病的康复治疗，向精神疾病患者或者其监护人、近亲属传授康复方法、普及康复知识。

第五章　精神疾病患者的权益保障

第四十条　任何单位和个人不得非法限制精神疾病患者的人身自由。

第四十一条　精神疾病患者享有参加与其身体、精神状况相适应的生产劳动并取得相应劳动报酬的权利。任何单位和个人不得强迫精神疾病患者参加生产劳动。

第四十二条　政府部门、医疗机构、与精神卫生工作相关的其他单位其人员应当依法保护精神疾病患者的隐私权。

未经精神疾病患者或者其监护人、近亲属书面同意，不得对该精神疾病患者进行录音、录像、摄影或者播放与该精神疾病患者有关的视听资料。

因学术交流等原因需要在一定场合公开精神疾病患者病情资料的，应当隐去能够识别该精神疾病患者身份的内容。

第四十三条 精神疾病患者及其监护人或者近亲属有权了解患者病情、诊断结论、治疗方法以及可能产生的后果。

医疗或者教学机构需要精神疾病患者参与医学教学、科研或者接受新药、新治疗方法的临床试验的，应当书面告知本人或者其监护人、近亲属教学、科研和试验的目的、方法以及可能产生的后果，并取得精神疾病患者或者其监护人、近亲属的书面同意。

第四十四条 精神疾病患者享有通讯、会见来访者、处理私人财物等合法权益；因病情或者治疗等原因需要限制住院精神疾病患者上述权益时，医师或者护士应当将理由告知该精神疾病患者或者其监护人、近亲属，并由医疗机构在病历中记录。

第四十五条 精神疾病患者康复后，依法享有受教育、就业等方面的权利。

精神疾病患者康复后，有权参加职业技能培训，提高就业能力，劳动和社会保障部门、残联应当推动其就业培训、安置等工作。

在劳动关系存续期间或者聘用合同期内，用人单位不得在规定的医疗期内以罹患精神疾病为由解除与精神疾病患者的劳动关系或者聘用关系；精神疾病患者康复后，在劳动关系存续期间或者聘用合同期内，其所在单位应当为其安排适当的工作，在待遇和福利等方面不得歧视。

第四十六条 参加本市基本医疗保险的精神疾病患者的医疗费用，按照国家和本市基本医疗保险的规定执行。农村精神疾病患者的医疗费用，按照新型农村合作医疗制度的规定执行。

第四十七条 具有本市户籍，无生活来源和劳动能力，又无法定赡养人、抚（扶）养人，或者法定赡养人、抚（扶）养人没有赡养、抚（扶）养能力的精神疾病患者，由民政部门指定的精神卫生医疗机构收治，医疗费用按照有关规定执行。

服现役期间罹患精神疾病的具有本市户籍的退伍、转业军人，其精神疾病的医疗费用，按照有关规定执行。

第四十八条 市和区、县人应当制定相关政策，对具有本市户籍、生活困难的精神疾病患者的医疗、康复费用给予资助。

第六章 法律责任

第四十九条 违反本条例的规定，擅自设立心理咨询服务机构的，擅自从事精神疾病的诊断、治疗工作的，依照有关法律、法规的规定予以处罚。

第五十条 违反本条例的规定，医疗机构有下列行为之一的，由卫生行政部门责令改正，可以并处3000元以上3万元以下罚款；造成精神疾病患者人身损害、财产损失的，依法承担民事责任；构成犯罪的，依法追究相关责任人的刑事责任：

（一）安排不具备相应资格的医师进行精神疾病诊断、诊断复核、会诊及治疗，或者未及时进行诊断复核的；

（二）对经诊断复核未能确诊或者对诊断复核结论有异议，医疗机构未组织会诊的；

（三）擅自安排精神疾病患者参与医学教学、科研或者接受新药、新治疗方法临床试验的；

（四）泄露精神疾病患者隐私的；

（五）未经精神疾病患者本人或者其监护人、近亲属书面同意，对精神疾病患者进行录音、录像、摄影或者播放与该精神疾病患者有关的视听资料的。

第五十一条 精神卫生医疗机构从业人员违反本条例规定，不遵守精神疾病诊断标准、诊疗规范，造成严重后果的，由卫生行政部门给予警告或者责令暂停六个月以上一年以下执业活动；情节特别严重的，吊销其执业证书。

第五十二条 违反本条例的规定，有下列行为之一，给精神疾病患者的人身、财产造成损害的，应当依法承担民事责任；构成犯罪的，依法追究刑事责任：

（一）歧视、侮辱精神疾病患者及其家庭成员，虐待、遗弃精神疾病患者的；

（二）监护人未履行职责的；

（三）非法限制精神疾病患者的人身自由的；

（四）非法侵害精神疾病患者的隐私权和通讯、会见等权益的。

第五十三条 精神卫生工作的相关行政部门及其工作人员有玩忽职守、徇私舞弊、滥用职权等违法行为的，由有关部门责令改正，对直接责任人给予行政处分，构成犯罪的，依法追究刑事责任。

第七章 附 则

第五十四条 本条例所称精神健康促进，是指通过普及精神卫生知识、处置心理问题和干预心理危机等方式,提高公民的心理健康水平。

本条例所称精神疾病,是指在各种生物学、心理学以及社会环境因素影响下人的大脑功能失调,导致认知、情感、意志和行为等精神活动出现不同程度障碍的疾病。

本条例所称重性精神疾病,是指精神活动严重受损,导致对自身健康状况或者客观现实不能完整辨认,或者不能控制自身行为的精神疾病。

第五十五条 本条例自 2007 年 3 月 1 日起施行。

上海市精神卫生条例

上海市人民代表大会常务委员会公告
第18号

《上海市精神卫生条例》已由上海市第十四届人民代表大会常务委员会第十六次会议于2014年11月20日修订通过，现予公布，自2015年3月1日起施行。

上海市人民代表大会常务委员会
2014年11月20日

（2001年12月28日上海市第十一届人民代表大会常务委员会第三十五次会议通过；根据2010年9月17日上海市第十三届人民代表大会常务委员会第二十一次会议《关于修改本市部分地方性法规的决定》修正；根据2014年11月20日上海市第十四届人民代表大会常务委员会第十六次会议修订）

第一章 总 则

第一条 为了发展精神卫生事业，规范和完善精神卫生服务，维护精神障碍患者的合法权益，根据《中华人民共和国精神卫生法》，结合本市实际，制定本条例。

第二条 本市行政区域内开展维护和增进市民心理健康、

预防和治疗精神障碍、促进精神障碍患者康复等活动，推进精神卫生服务体系建设，适用本条例。

第三条 市和区、县人民政府领导精神卫生工作，组织编制精神卫生发展规划并将其纳入国民经济和社会发展规划，建设和完善精神障碍的预防、治疗和康复服务体系，建立健全精神卫生工作协调机制和工作责任制，统筹协调精神卫生工作中的重大事项，对有关部门承担的精神卫生工作进行考核、监督。

乡、镇人民政府和街道办事处根据本地区的实际情况，组织开展预防精神障碍发生、促进精神障碍患者康复等工作。

第四条 市卫生计生部门主管本市精神卫生工作。区、县卫生计生部门负责本辖区内的精神卫生工作。

民政、公安、工商行政管理、人力资源社会保障、教育、发展改革、财政、司法行政、规划国土资源等行政部门按照各自职责，协同做好精神卫生工作。

第五条 各级残疾人联合会依照法律、法规或者接受政府委托，动员社会力量开展精神卫生工作。

居民委员会、村民委员会依照法律和本条例的规定开展精神卫生工作，并对所在地人民政府开展的精神卫生工作予以协助。

鼓励和支持工会、共产主义青年团、妇女联合会、红十字会、科学技术协会等团体，以及行业协会、慈善组织、志愿者组织、老龄组织等社会组织和个人，依法开展精神卫生工作。

第六条 精神障碍患者的人格尊严、人身和财产安全不受侵犯。

精神障碍患者的教育、劳动、医疗以及从国家和社会获得物质帮助等方面的合法权益受法律保护。

学校或者单位不得以曾患精神障碍为由，侵害精神障碍患者康复后享有的合法权益。

第七条 精神障碍患者的监护人应当履行监护职责，帮助精神障碍患者及时就诊，照顾其生活，做好看护管理，并维护精神障碍患者的合法权益。

精神障碍患者的家庭成员应当创造和睦、文明的家庭环境，帮助精神障碍患者提高社会适应能力和就学、就业能力。

禁止对精神障碍患者实施家庭暴力，禁止遗弃精神障碍患者。

第八条 各级人民政府及其有关部门应当组织医疗机构和专业人员开展精神卫生宣传活动，鼓励和支持各类团体和社会组织普及精神卫生知识，引导公众关注心理健康，提高公众对精神障碍的认知和预防能力。

广播电台、电视台、报刊、互联网站等媒体应当宣传心理健康和精神障碍预防知识，营造全社会尊重、理解、关爱精神障碍患者的舆论环境。

第二章 精神卫生服务体系

第九条 本市建立以精神卫生专科医疗机构和精神疾病预防控制机构为主体，设置精神科门诊或者心理治疗门诊的综合性医疗机构、专门从事心理治疗的医疗机构为辅助，社区卫生服务机构、精神障碍患者社区康复机构、精神障碍患者社区养护机构和心理咨询机构等为依托的精神卫生服务体系。

第十条 精神卫生服务内容包括：

（一）精神障碍的预防；

（二）心理咨询；

（三）心理治疗以及精神障碍的诊断与治疗；

（四）社区精神康复和慢性精神障碍患者养护；

（五）有助于市民心理健康的其他服务。

第十一条 市和区、县精神疾病预防控制机构根据同级卫生计生部门的要求，组织开展精神障碍的预防和监测，社区精神障碍防治工作的指导、评估、培训等工作。

第十二条 心理咨询机构为社会公众提供下列心理咨询服务：

（一）一般心理状态与功能的评估；

（二）心理发展异常的咨询与干预；

（三）认知、情绪或者行为问题的咨询与干预；

（四）社会适应不良的咨询与干预；

（五）国家有关部门规定的其他心理咨询服务。

第十三条 精神卫生专科医疗机构和设置精神科门诊的综合性医疗机构（以下统称精神卫生医疗机构）开展精神障碍的诊断与治疗服务。

设置心理治疗门诊的综合性医疗机构、专门从事心理治疗的医疗机构开展心理治疗服务。

社区卫生服务机构开展精神障碍的社区预防和康复服务。精神疾病预防控制机构与精神卫生专科医疗机构应当主动向社区卫生服务机构提供相关技术支持。

第十四条 精神障碍患者社区康复机构为精神障碍患者提供生活自理能力和社会适应能力等方面的康复训练。

精神障碍患者社区养护机构为生活自理困难的精神障碍患者提供护理和照料服务。

第十五条 从事精神卫生服务工作的执业医师、护士、心理治疗师、心理咨询师、康复治疗专业人员和社会工作者等人员应当按照国家和本市的有关规定以及执业规范，从事精神卫生服务。

第三章 心理健康促进和精神障碍预防

第十六条 乡、镇人民政府和街道办事处可以通过政府购买服务、招募志愿者等方式，组织社会力量和具有精神卫生专业知识的人员，为社区居民提供公益性的心理健康指导。

社区卫生服务机构应当按照卫生计生部门的要求，进行精神障碍的识别和转诊，配合进行精神障碍的早期干预和随访管理。

居民委员会、村民委员会应当协助街道办事处和乡、镇人民政府开展心理健康促进、精神卫生知识宣传教育等活动。社区卫生服务机构应当为居民委员会、村民委员会提供技术指导。

第十七条 教育部门应当会同卫生计生部门将学生心理健康教育纳入学校整体教育工作，开展学生心理问题和精神障碍的评估和干预。

学校应当按照本市有关规定，配备或者聘请具有相应专业技术水平的心理健康教育教师、辅导人员，设立校内心理健康教育与咨询机构，对学生开展心理健康监测、心理健康教育和咨询服务，为精神障碍学生接受教育创造条件。学前教育机构应当开展符合幼儿特点的心理健康教育。

鼓励具有专业资质的精神卫生服务机构参与学生心理健康教育工作。

第十八条 用人单位应当创造有益于职工身心健康的工作环境，关注职工的心理健康，对处于职业发展特定时期或者在易引发心理健康问题的特殊岗位工作的职工，组织社会力量和专业心理咨询人员，有针对性地开展心理健康教育和服务。

第十九条 市卫生计生部门应当设立心理危机干预服务平台，组织开展心理危机干预的服务、监测、教育、培训、技术研究和评估等工作，并为公安、民政、司法行政、教育等行政部门和工会、共产主义青年团、妇女联合会、红十字会等团体以及慈善组织、志愿者组织等社会组织开展相关工作提供技术支持。

医疗机构应当与心理危机干预服务平台建立联系机制。医疗机构的医务人员开展诊疗活动时，发现就诊者需要进行心理危机干预的，应当及时联系其近亲属，并建议接受心理危机干预服务平台的帮助。

第二十条 各级人民政府及其有关部门应当建立心理危机干预应急处置的协调机制，将心理危机干预列入突发事件应急预案，组建应急处置队伍，开展心理危机干预应急处置工作。

第二十一条 在发生自然灾害、事故灾难、公共卫生事件和社会安全事件等可能影响公众心理健康的突发事件时，市卫生计生部门应当及时组织精神卫生服务机构以及社会组织、志愿者为有需求的公众提供心理援助。

第四章 心理咨询机构

第二十二条 单位或者个人可以申请设立心理咨询机构，

提供心理咨询服务。设立营利性心理咨询机构应当向工商行政管理部门申请登记,取得《营业执照》。设立非营利性心理咨询机构应当向民政部门申请登记,取得《民办非企业单位登记证书》。

工商行政管理部门、民政部门应当按照有关规定,对申请设立心理咨询机构,作出准予登记或者不予登记的决定。作出准予登记决定的,颁发《营业执照》或者《民办非企业单位登记证书》,同时应当抄告卫生计生部门,并由卫生计生部门将心理咨询机构名单向社会公布;作出不予登记决定的,应当书面告知理由。

未经工商行政管理部门或者民政部门登记,不得开展心理咨询服务。

第二十三条　心理咨询机构开展心理咨询服务应当符合下列要求:

(一)有固定的提供心理咨询服务的场所;

(二)具备必要的心理测量设施和设备;

(三)有三名以上符合心理咨询师从业要求的咨询人员,其中至少有两名具有心理咨询师二级以上国家职业资格。

第二十四条　心理咨询师应当按照心理咨询师国家职业标准的要求,经考试合格取得国家职业资格证书,并在依法设立的心理咨询机构或者精神卫生医疗机构实习一年,经实习单位考核合格后,方可从事心理咨询服务。

心理咨询师实习考核管理办法,由市卫生计生部门另行制定。

第二十五条　心理咨询机构应当建立健全内部管理制度,

加强自律，依法开展心理咨询服务。

心理咨询机构应当定期对从业人员进行职业道德教育，组织开展业务培训，提高其职业道德素养和业务能力。

心理咨询机构不得安排不符合从业要求的人员提供心理咨询服务。

第二十六条 心理咨询机构及其从业人员应当按照法律、法规、规章和执业规范提供心理咨询服务，并遵守下列规定：

（一）向接受咨询者告知心理咨询服务的性质以及相关的权利和义务；

（二）未经接受咨询者同意，不得对咨询过程进行录音、录像，确实需要进行案例讨论或者采用案例进行教学、科研的，应当隐去可能据以辨认接受咨询者身份的有关信息；

（三）发现接受咨询者有伤害自身或者危害他人安全倾向的，应当采取必要的安全措施，防止意外事件发生，并及时通知其近亲属；

（四）发现接受咨询者可能患有精神障碍的，应当建议其到精神卫生医疗机构就诊。

心理咨询人员不得从事心理治疗或者精神障碍的诊断、治疗。

第二十七条 卫生计生部门应当规范和促进心理咨询行业协会建设，指导行业协会开展工作。

心理咨询行业协会应当建立健全行业自律的规章制度，督促会员依法开展心理咨询活动，组织开展业务培训，引导行业健康发展。对违反自律规范的会员，行业协会应当按照协会章程的规定，采取相应的惩戒措施。

第二十八条　卫生计生部门应当对心理咨询机构提供心理咨询服务进行业务指导，加强监督检查，定期公布检查结果，并根据检查结果实施分类管理。

心理咨询机构应当于每年3月31日前，向卫生计生部门报告上一年度开展心理咨询业务的情况以及从业人员变动情况。

第五章　精神障碍患者的看护、诊断与治疗

第二十九条　精神障碍患者的监护人在对精神障碍患者进行看护管理时，应当履行下列职责：

（一）妥善看护未住院治疗的精神障碍患者，避免其因病伤害自身或者危害他人安全；

（二）根据医嘱，督促精神障碍患者接受门诊或者住院治疗，协助办理精神障碍患者的住院或者出院手续；

（三）协助精神障碍患者进行康复治疗或者职业技能培训，帮助其融入社会。

第三十条　公安机关、精神障碍患者所在地居民委员会或者村民委员会，应当为精神障碍患者的监护人提供必要的帮助。

精神障碍患者就诊的精神卫生医疗机构及其精神科执业医师、社区卫生服务机构，应当为精神障碍患者的监护人提供专业指导和必要的帮助。

第三十一条　除疑似精神障碍患者本人自行到精神卫生医疗机构进行精神障碍诊断外，疑似精神障碍患者的近亲属可以将其送往精神卫生医疗机构进行精神障碍诊断。

疑似精神障碍患者发生伤害自身、危害他人安全的行为，或者有伤害自身、危害他人安全危险的，其近亲属、所在学校

或者单位、当地公安机关应当立即采取措施予以制止，并将其送往精神卫生医疗机构进行精神障碍诊断。学校或者单位、当地公安机关送诊的，应当以书面形式通知其近亲属。其他单位或者个人发现的，应当向当地公安机关报告。

精神卫生医疗机构接到送诊的疑似精神障碍患者，不得拒绝为其作出诊断。

第三十二条 精神障碍的诊断应当由具有主治医师以上职称的精神科执业医师作出。

精神卫生医疗机构对于送诊的发生伤害自身、危害他人安全的行为，或者有伤害自身、危害他人安全危险的疑似精神障碍患者，应当立即指派具有主治医师以上职称的精神科执业医师进行诊断。无法立刻作出诊断结论的，应当将其留院观察，并在七十二小时内作出诊断结论。

除法律另有规定外，精神卫生医疗机构不得违背本人意志进行精神障碍的医学检查。

第三十三条 在疑似精神障碍患者留院观察期间，精神卫生医疗机构认为需要治疗的，应当经疑似精神障碍患者或者其近亲属书面同意，方可实施治疗。其中，对不予治疗可能危害疑似精神障碍患者生命安全的躯体疾病，无法及时取得疑似精神障碍患者或者其近亲属书面同意的，精神卫生医疗机构可以先行治疗，将治疗的理由告知疑似精神障碍患者及其近亲属，并在病历中予以记录。

第三十四条 精神卫生医疗机构应当为经门诊、急诊诊断的精神障碍患者制定相应的治疗方案，并告知其监护人有关注意事项。接受非住院治疗的精神障碍患者的监护人应当配合精神卫生医疗机构做好精神障碍患者的治疗工作。

第三十五条 诊断结论、病情评估表明就诊者为严重精神障碍患者并已经发生伤害自身的行为或者有伤害自身的危险的,应当对其实施住院治疗,但其监护人不同意的除外。

诊断结论、病情评估表明就诊者为严重精神障碍患者并已经发生危害他人安全的行为或者有危害他人安全的危险的,应当对其实施住院治疗。

第三十六条 实施暴力行为,危害公共安全或者严重危害公民人身安全,经法定程序鉴定依法不负刑事责任的精神障碍患者,有继续危害社会可能需要强制医疗的,依照法律规定的程序执行。

第三十七条 严重精神障碍患者已经发生危害他人安全的行为或者有危害他人安全的危险,精神障碍患者或者其监护人对需要住院治疗的诊断结论有异议,不同意对精神障碍患者实施住院治疗的,可以要求原精神卫生医疗机构或者其他精神卫生医疗机构再次诊断。

接受再次诊断申请的精神卫生医疗机构应当在接到申请之日起五个工作日内,指派两名以上具有主治医师以上职称的精神科执业医师进行再次诊断,并于面见、询问精神障碍患者之日起五个工作日内,出具再次诊断结论。

精神障碍患者或者其监护人对再次诊断结论有异议的,可以依法自主委托具有执业资质的鉴定机构进行精神障碍医学鉴定。

第三十八条 诊断结论表明精神障碍患者需要住院治疗的,精神卫生医疗机构应当出具书面通知。精神障碍患者本人可以自行办理住院手续，也可以由其监护人办理住院手续。

严重精神障碍患者因存在危害他人安全的行为或者危险而需要住院，其监护人不办理住院手续的，由其所在的学校或者单位、居民委员会、村民委员会办理住院手续，必要时可以由公安机关协助，并由精神卫生医疗机构在精神障碍患者病历中予以记录。

第三十九条　精神卫生医疗机构应当根据患者的不同病情提供相适宜的设施、设备，并为患者创造接近正常生活的环境和条件。

第四十条　精神卫生医疗机构对精神障碍患者实施药物治疗，应当以诊断和治疗为目的，使用安全、有效的药物。

精神卫生医疗机构对精神障碍患者实施心理治疗，应当由符合要求的心理治疗人员提供。

第四十一条　住院精神障碍患者符合出院条件的，应当及时办理出院手续。

精神障碍患者可以自行办理出院手续，也可以由其监护人办理出院手续；精神障碍患者本人没有能力办理出院手续的，其监护人应当为其办理出院手续。

第四十二条　精神障碍患者本人或者其监护人需要获得精神障碍医学诊断证明的，可以向作出医学诊断的精神卫生医疗机构提出申请。

精神障碍医学诊断证明应当经两名具有主治医师以上职称的精神科执业医师诊断后出具，由精神卫生医疗机构审核并加盖公章后签发。

精神障碍患者或者其监护人对医学诊断证明中的结论提出

异议的，出具医学诊断证明的精神卫生医疗机构应当组织两名以上精神科执业医师（其中至少有一名具有副主任医师以上职称）进行医学诊断证明的复核。

精神障碍患者或者其监护人对复核结论提出异议的，精神卫生医疗机构应当组织会诊。

第四十三条 对查找不到近亲属的流浪乞讨疑似精神障碍患者，由民政等有关部门按照职责分工帮助送往精神卫生医疗机构进行精神障碍诊断。其中，涉嫌违反治安管理处罚法的，由公安机关帮助送往精神卫生医疗机构进行精神障碍诊断。

查找不到近亲属的流浪乞讨精神障碍患者需要住院治疗的，由送诊的有关部门办理住院手续。

流浪乞讨精神障碍患者经救治，病情稳定或者治愈的，民政部门应当及时进行甄别和确认身份。经甄别属于救助对象的，可以移交救助管理站实施救助；不属于救助对象的，相关部门应当协助精神卫生医疗机构做好精神障碍患者出院工作。

第四十四条 严重精神障碍患者出院时，经具有主治医师以上职称的精神科执业医师病情评估，认为有接受定期门诊治疗和社区随访必要的，严重精神障碍患者的监护人应当协助其接受定期门诊治疗和社区随访。

市卫生计生部门应当会同市公安等行政部门制定定期门诊和社区随访的工作规范。

第四十五条 与精神障碍患者有利害关系的精神科执业医师不得为该精神障碍患者进行诊断和出具医学诊断证明。

对精神障碍进行诊断的精神科执业医师不得为同一精神障碍患者进行再次诊断、复核、会诊和医学鉴定。

第四十六条　精神障碍患者在精神卫生医疗机构内已经发生或者将要发生伤害自身、危害他人安全、扰乱医疗秩序的行为，精神卫生医疗机构及其医务人员在没有其他可替代措施的情况下，可以实施约束、隔离等保护性医疗措施。精神障碍患者病情稳定后，应当及时解除保护性医疗措施。实施约束、隔离等保护性医疗措施的，一般不超过二十四小时。

保护性医疗措施的决定应当由精神科执业医师作出，并在病历资料中记载和说明理由。实施保护性医疗措施应当遵循诊断标准和治疗规范，并在实施后及时告知精神障碍患者的监护人。

禁止利用约束、隔离等保护性医疗措施惩罚精神障碍患者。

第四十七条　精神卫生医疗机构应当严格执行住院治疗管理制度，保护精神障碍患者的安全，避免住院治疗的精神障碍患者擅自离院。

精神卫生医疗机构发现住院治疗的精神障碍患者擅自离院的，应当立即寻找，并通知其监护人或者其他近亲属；精神障碍患者行踪不明的，精神卫生医疗机构应当在二十四小时内报告所在地公安机关。

精神障碍患者的监护人、其他近亲属或者公安机关在发现擅自离院的精神障碍患者后，应当通知其住院治疗的精神卫生医疗机构，并协助将其送回。

第四十八条　精神卫生医疗机构及其医务人员应当将精神障碍患者在诊断、治疗以及其他相关服务过程中享有的权利和承担的义务，以书面形式告知精神障碍患者及其监护人。精神障碍患者及其监护人可以向医务人员了解与其相关的病情、诊断结论、治疗方案及其可能产生的后果。

医学教学、科研等活动涉及精神障碍患者个人的,应当向精神障碍患者及其监护人书面告知医学教学、科研等活动的目的、方法以及可能产生的后果,并取得精神障碍患者的书面同意;无法取得精神障碍患者意见的,应当取得其监护人书面同意后方可进行。

第四十九条 因医学教学、学术交流、宣传教育等需要在公开场合介绍精神障碍患者的病情资料的,应当隐去能够识别该精神障碍患者身份的资料。

第六章 精神障碍的康复

第五十条 市和区、县人民政府应当根据精神卫生事业的发展要求,组织推进精神障碍患者社区康复机构和养护机构的布点建设,逐步形成布局合理、功能完善的康复、养护服务网络。

乡、镇人民政府和街道办事处应当为公益性社区康复机构的建设、改造和管理提供支持,组织社区康复机构为精神障碍患者提供就近康复的场所和生活技能、职业技能训练,满足精神障碍患者社区康复和生活的基本需求。使用残疾人就业保障金对社区康复机构和养护机构的相关费用予以补贴的,按照有关规定执行。

鼓励社会力量建设精神障碍患者社区康复机构和养护机构,或者提供康复、养护服务。

税务部门应当按照国家有关规定,给予精神障碍患者社区康复机构和养护机构税收减免优惠。

鼓励企业扶持社区康复机构,将适合精神障碍患者生产、经营的产品、项目优先安排给社区康复机构生产或者经营。

第五十一条 区、县民政部门会同残疾人联合会指导街道、乡、镇精神障碍患者社区康复机构和养护机构的组建和管理,组织开展精神障碍患者生活技能、职业技能康复及护理和照料服务等工作。

第五十二条 精神障碍患者社区康复机构应当配备康复治疗专业人员,为精神障碍患者提供专业化的精神康复服务,并安排精神障碍患者参加有利于康复的职业技能训练、文化娱乐、体育等活动,提供工作能力、社交技巧、日常生活能力等方面的康复训练,增强精神障碍患者生活自理能力和社会适应能力,帮助精神障碍患者参与社会生活。参加劳动的精神障碍患者应当获得相应的报酬。

第五十三条 精神卫生医疗机构应当为接受治疗的精神障碍患者提供康复服务,帮助精神障碍患者进行自我管理能力和社会适应能力的训练。

有条件的精神卫生医疗机构可以为精神障碍患者提供社区康复和社区养护服务。

精神卫生医疗机构和社区卫生服务机构应当对精神障碍患者社区康复机构开展精神障碍康复训练进行专业指导,向精神障碍患者及其监护人普及康复知识,传授康复方法。

第七章 保障措施

第五十四条 各级人民政府应当根据精神卫生工作需要,加大财政投入力度,将精神卫生工作经费列入本级财政预算,促进精神卫生事业持续健康发展。

各级人民政府应当切实保障公立精神卫生专科医疗机构基本建设、日常运行、学科建设和人才培养所需的经费。

第五十五条 各级人民政府应当完善政策措施,建立健全购买精神卫生相关服务的机制,及时向社会公布购买服务信息。

鼓励和支持机关、企业事业单位、社会团体、其他组织和个人基于公益目的,通过志愿服务等方式,为精神障碍患者及其家庭提供帮助,推动精神卫生事业发展。向精神卫生事业捐赠财产的,依法享受税收优惠。

第五十六条 卫生计生、人力资源社会保障、教育等行政部门和残疾人联合会应当采取措施,发展和完善满足社会需求的精神卫生服务和人员队伍建设。

鼓励和支持开展精神卫生科学技术研究和精神卫生专门人才的培养,将精神医学纳入医学相关专业的教学计划。有关科研院所、大专院校、医疗机构应当加强精神障碍的预防、诊断、治疗、康复的基础研究和临床研究,提高精神卫生服务水平。

市卫生计生部门应当将精神障碍预防、诊断、治疗、康复知识教育纳入全科医师培养大纲和非精神科执业医师继续教育内容,提高其识别精神障碍的能力。

人力资源社会保障、民政等行政部门和残疾人联合会应当加强精神障碍患者社区康复机构和养护机构工作队伍建设,提高专业化、职业化水平。

教育部门对教师进行上岗前和在岗培训,应当有精神卫生的内容,并定期组织心理健康教育教师、辅导人员进行专业培训。

第五十七条 精神卫生工作人员的人格尊严、人身安全不受侵犯，精神卫生工作人员依法履行职责受法律保护。全社会应当尊重精神卫生工作人员。

市和区、县人民政府及其有关部门、精神卫生医疗机构、精神障碍患者社区康复机构和养护机构应当采取措施，加强对精神卫生工作人员的职业保护，提高精神卫生工作人员的待遇水平，并按照规定给予适当的津贴，具体标准由市人力资源社会保障部门会同市卫生计生部门确定。精神卫生工作人员因工致伤、致残、死亡的，其工伤待遇以及抚恤按照国家有关规定执行。

第五十八条 市人力资源社会保障部门、市卫生计生部门应当按照国家有关规定，完善相关医疗保险政策，引导参加城镇居民基本医疗保险、职工基本医疗保险和新型农村合作医疗的精神障碍患者接受门诊、社区治疗等服务。

民政部门应当会同相关部门确定精神障碍患者医疗救助的内容和标准，并依法给予医疗救助和适当的生活救助。

第五十九条 市卫生计生部门应当会同相关部门，按照国家和本市有关规定，对严重精神障碍患者实施医疗费用减免。

市和区、县卫生计生部门应当按照国家和本市有关规定，组织医疗卫生机构为严重精神障碍患者免费提供基本公共卫生服务。

第六十条 市和区、县人民政府应当采取措施促进福利企业发展，扶持有劳动能力的精神障碍患者从事力所能及的工作，帮助精神障碍患者融入社会。

人力资源社会保障部门和残疾人联合会应当推动精神障碍

患者的就业培训工作。精神障碍患者有权参加职业技能培训，提高就业能力。

鼓励企业事业单位聘用有相应劳动能力的精神障碍患者。劳动关系存续期间，精神障碍患者所在单位应当安排精神障碍患者从事力所能及的工作，保障精神障碍患者享有同等待遇。

第六十一条 精神障碍患者因合法权益受到侵害需要法律援助的，可以向法律援助机构申请法律援助。法律援助机构应当依法提供法律援助。

第六十二条 本市建立健全精神卫生服务行业自律组织和管理机制，培育并提高行业自律组织自身服务管理能力。行业自律组织应当加强本行业从业机构和人员的自我监督和管理，促进本行业服务水平的提高。

第六十三条 任何单位和个人发现有违反本条例规定的情形，有权向卫生计生、工商行政管理、民政、公安等行政部门投诉举报。接到投诉举报的部门应当按照规定及时处理，并将处理结果反馈投诉举报人。

第六十四条 市卫生计生部门应当会同公安、民政等有关部门建立精神卫生工作信息共享机制，并按照各自职责，负责相关信息的录入和更新，实现信息互联互通、交流共享。卫生计生、公安、民政等行政部门及其工作人员在精神卫生工作中获得的精神障碍患者个人信息，应当予以保密。

市卫生计生部门应当推进各类精神卫生服务机构加强信息交流。

第八章 法律责任

第六十五条 违反本条例规定的行为，法律、行政法规有处理规定的,依照有关法律、行政法规的规定处理。

第六十六条 卫生计生等行政部门有下列情形之一的,由本级人民政府或者上级主管部门责令改正,通报批评;对直接负责的主管人员和其他直接责任人员依法给予行政处分:

(一)未组织开展心理危机干预工作的;

(二)未将心理咨询机构名单向社会公布的;

(三)未对心理咨询机构提供心理咨询服务进行业务指导和监督检查的;

(四)未按照规定对严重精神障碍患者实施医疗费用减免的;

(五)未按照规定组织医疗卫生机构为严重精神障碍患者免费提供基本公共卫生服务的;

(六)接到投诉举报未及时进行处理的;

(七)未建立精神卫生工作信息共享机制的;

(八)其他滥用职权、玩忽职守、徇私舞弊的情形。

第六十七条 单位或者个人违反本条例第二十二条第三款规定,未经工商行政管理部门或者民政部门登记,擅自开展心理咨询服务的,由工商行政管理部门或者民政部门依法处理。

第六十八条 心理咨询机构开展心理咨询服务不符合本条例第二十三条规定要求的,由卫生计生部门责令改正,给予警告,并处以五千元以上三万元以下的罚款;有违法所得的,没收违法所得;情节严重的,责令暂停六个月以上一年以下执业活动;拒不改正的,移送工商行政管理部门或者民政部门依法予以撤销登记。

第六十九条 心理咨询机构有下列情形之一的,由卫生计生部门责令改正，给予警告，并处以五千元以上三万元以下的罚款；有违法所得的，没收违法所得；情节严重的，责令暂停三个月以上一年以下执业活动：

（一）违反本条例第二十五条第三款规定，安排不符合从业要求的人员提供心理咨询服务的；

（二）违反本条例第二十六条第一款规定，提供心理咨询服务的。

第七十条　不符合心理咨询人员从业要求的人员，违反本条例第二十四条第一款规定，从事心理咨询服务的，由卫生计生部门责令改正，给予警告，并处以五千元以上一万元以下的罚款；有违法所得的，没收违法所得。

心理咨询人员违反本条例第二十六条第一款规定，提供心理咨询服务的，由卫生计生部门责令改正，给予警告，并处以五千元以上一万元以下的罚款；有违法所得的，没收违法所得；情节严重的，责令暂停三个月以上一年以下执业活动。

第七十一条　精神卫生医疗机构及其工作人员有下列情形之一的，由卫生计生部门责令改正，并处以五千元以上三万元以下的罚款；对有关医务人员，责令暂停六个月以上一年以下执业活动；情节严重的，依法吊销有关医务人员的执业证书；主管部门或者所在单位应当对直接负责的主管人员和其他直接责任人员依法给予或者责令给予降低岗位等级、撤职或者开除的处分：

（一）违反本条例第三十二条第一款、第三十七条第二款、第四十二条第二款和第三款规定，安排不符合要求的精神科执业医师进行精神障碍诊断、再次诊断、出具医学诊断证明、医

学诊断证明复核的;

(二)违反本条例第四十五条规定,对精神障碍患者进行诊断、再次诊断、出具医学诊断证明、复核、会诊和医学鉴定的;

(三)违反本条例第四十八条第二款规定,未经精神障碍患者或者其监护人书面同意,擅自进行涉及精神障碍患者个人的医学教学、科研等活动的。

第七十二条 违反本条例规定,给精神障碍患者或者他人造成人身、财产损害的,应当依法承担民事责任;构成违反治安管理行为的,依法给予治安管理处罚;构成犯罪的,依法追究刑事责任。

第九章 附 则

第七十三条 本条例自2015年3月1日起施行。

中华人民共和国禁毒法

中华人民共和国主席令
第七十九号

《中华人民共和国禁毒法》已由中华人民共和国第十届全国人民代表大会常务委员会第三十一次会议于2007年12月29日通过，现予公布，自2008年6月1日起施行。

中华人民共和国主席　胡锦涛
2007年12月29日

第一章　总　则

第一条　为了预防和惩治毒品违法犯罪行为，保护公民身心健康，维护社会秩序，制定本法。

第二条　本法所称毒品，是指鸦片、海洛因、甲基苯丙胺

（冰毒）、吗啡、大麻、可卡因，以及国家规定管制的其他能够使人形成瘾癖的麻醉药品和精神药品。

根据医疗、教学、科研的需要，依法可以生产、经营、使用、储存、运输麻醉药品和精神药品。

第三条 禁毒是全社会的共同责任。国家机关、社会团体、企业事业单位以及其他组织和公民，应当依照本法和有关法律的规定，履行禁毒职责或者义务。

第四条 禁毒工作实行预防为主，综合治理，禁种、禁制、禁贩、禁吸并举的方针。

禁毒工作实行政府统一领导，有关部门各负其责，社会广泛参与的工作机制。

第五条 国务院设立国家禁毒委员会，负责组织、协调、指导全国的禁毒工作。

县级以上地方各级人民政府根据禁毒工作的需要，可以设立禁毒委员会，负责组织、协调、指导本行政区域内的禁毒工作。

第六条 县级以上各级人民政府应当将禁毒工作纳入国民经济和社会发展规划，并将禁毒经费列入本级财政预算。

第七条 国家鼓励对禁毒工作的社会捐赠，并依法给予税收优惠。

第八条 国家鼓励开展禁毒科学技术研究，推广先进的缉毒技术、装备和戒毒方法。

第九条 国家鼓励公民举报毒品违法犯罪行为。各级人民政府和有关部门应当对举报人予以保护，对举报有功人员以及在禁毒工作中有突出贡献的单位和个人，给予表彰和奖励。

第十条　国家鼓励志愿人员参与禁毒宣传教育和戒毒社会服务工作。地方各级人民政府应当对志愿人员进行指导、培训,并提供必要的工作条件。

第二章　禁毒宣传教育

第十一条　国家采取各种形式开展全民禁毒宣传教育,普及毒品预防知识,增强公民的禁毒意识,提高公民自觉抵制毒品的能力。

国家鼓励公民、组织开展公益性的禁毒宣传活动。

第十二条　各级人民政府应当经常组织开展多种形式的禁毒宣传教育。

工会、共产主义青年团、妇女联合会应当结合各自工作对象的特点,组织开展禁毒宣传教育。

第十三条　教育行政部门、学校应当将禁毒知识纳入教育、教学内容,对学生进行禁毒宣传教育。公安机关、司法行政部门和卫生行政部门应当予以协助。

第十四条　新闻、出版、文化、广播、电影、电视等有关单位,应当有针对性地面向社会进行禁毒宣传教育。

第十五条　飞机场、火车站、长途汽车站、码头以及旅店、娱乐场所等公共场所的经营者、管理者,负责本场所的禁毒宣传教育,落实禁毒防范措施,预防毒品违法犯罪行为在本场所内发生。

第十六条　国家机关、社会团体、企业事业单位以及其他组织,应当加强对本单位人员的禁毒宣传教育。

第十七条　居民委员会、村民委员会应当协助人民政府以及公安机关等部门，加强禁毒宣传教育，落实禁毒防范措施。

第十八条　未成年人的父母或者其他监护人应当对未成年人进行毒品危害的教育，防止其吸食、注射毒品或者进行其他毒品违法犯罪活动。

第三章　毒品管制

第十九条　国家对麻醉药品药用原植物种植实行管制。禁止非法种植罂粟、古柯植物、大麻植物以及国家规定管制的可以用于提炼加工毒品的其他原植物。禁止走私或者非法买卖、运输、携带、持有未经灭活的毒品原植物种子或者幼苗。

地方各级人民政府发现非法种植毒品原植物的，应当立即采取措施予以制止、铲除。村民委员会、居民委员会发现非法种植毒品原植物的，应当及时予以制止、铲除，并向当地公安机关报告。

第二十条　国家确定的麻醉药品药用原植物种植企业，必须按照国家有关规定种植麻醉药品药用原植物。

国家确定的麻醉药品药用原植物种植企业的提取加工场所，以及国家设立的麻醉药品储存仓库，列为国家重点警戒目标。

未经许可，擅自进入国家确定的麻醉药品药用原植物种植企业的提取加工场所或者国家设立的麻醉药品储存仓库等警戒区域的，由警戒人员责令其立即离开；拒不离开的，强行带离现场。

第二十一条　国家对麻醉药品和精神药品实行管制，对麻醉药品和精神药品的实验研究、生产、经营、使用、储存、运输实行许可和查验制度。

国家对易制毒化学品的生产、经营、购买、运输实行许可制度。

禁止非法生产、买卖、运输、储存、提供、持有、使用麻醉药品、精神药品和易制毒化学品。

第二十二条　国家对麻醉药品、精神药品和易制毒化学品的进口、出口实行许可制度。国务院有关部门应当按照规定的职责，对进口、出口麻醉药品、精神药品和易制毒化学品依法进行管理。禁止走私麻醉药品、精神药品和易制毒化学品。

第二十三条　发生麻醉药品、精神药品和易制毒化学品被盗、被抢、丢失或者其他流入非法渠道的情形，案发单位应当立即采取必要的控制措施，并立即向公安机关报告，同时依照规定向有关主管部门报告。

公安机关接到报告后，或者有证据证明麻醉药品、精神药品和易制毒化学品可能流入非法渠道的，应当及时开展调查，并可以对相关单位采取必要的控制措施。药品监督管理部门、卫生行政部门以及其他有关部门应当配合公安机关开展工作。

第二十四条　禁止非法传授麻醉药品、精神药品和易制毒化学品的制造方法。公安机关接到举报或者发现非法传授麻醉药品、精神药品和易制毒化学品制造方法的，应当及时依法查处。

第二十五条　麻醉药品、精神药品和易制毒化学品管理的具体办法，由国务院规定。

第二十六条　公安机关根据查缉毒品的需要，可以在边境地区、交通要道、口岸以及飞机场、火车站、长途汽车站、码头对来往人员、物品、货物以及交通工具进行毒品和易制毒化学品检查，民航、铁路、交通部门应当予以配合。

海关应当依法加强对进出口岸的人员、物品、货物和运输工具的检查，防止走私毒品和易制毒化学品。

邮政企业应当依法加强对邮件的检查，防止邮寄毒品和非法邮寄易制毒化学品。

第二十七条　娱乐场所应当建立巡查制度，发现娱乐场所内有毒品违法犯罪活动的，应当立即向公安机关报告。

第二十八条　对依法查获的毒品，吸食、注射毒品的用具，毒品违法犯罪的非法所得及其收益，以及直接用于实施毒品违法犯罪行为的本人所有的工具、设备、资金，应当收缴，依照规定处理。

第二十九条　反洗钱行政主管部门应当依法加强对可疑毒品犯罪资金的监测。反洗钱行政主管部门和其他依法负有反洗钱监督管理职责的部门、机构发现涉嫌毒品犯罪的资金流动情况，应当及时向侦查机关报告，并配合侦查机关做好侦查、调查工作。

第三十条　国家建立健全毒品监测和禁毒信息系统，开展毒品监测和禁毒信息的收集、分析、使用、交流工作。

第四章　戒毒措施

第三十一条　国家采取各种措施帮助吸毒人员戒除毒瘾，教育和挽救吸毒人员。

吸毒成瘾人员应当进行戒毒治疗。

吸毒成瘾的认定办法，由国务院卫生行政部门、药品监督管理部门、公安部门规定。

第三十二条 公安机关可以对涉嫌吸毒的人员进行必要的检测，被检测人员应当予以配合；对拒绝接受检测的，经县级以上人民政府公安机关或者其派出机构负责人批准，可以强制检测。

公安机关应当对吸毒人员进行登记。

第三十三条 对吸毒成瘾人员，公安机关可以责令其接受社区戒毒，同时通知吸毒人员户籍所在地或者现居住地的城市街道办事处、乡镇人民政府。社区戒毒的期限为三年。

戒毒人员应当在户籍所在地接受社区戒毒；在户籍所在地以外的现居住地有固定住所的，可以在现居住地接受社区戒毒。

第三十四条 城市街道办事处、乡镇人民政府负责社区戒毒工作。城市街道办事处、乡镇人民政府可以指定有关基层组织，根据戒毒人员本人和家庭情况，与戒毒人员签订社区戒毒协议，落实有针对性的社区戒毒措施。公安机关和司法行政、卫生行政、民政等部门应当对社区戒毒工作提供指导和协助。

城市街道办事处、乡镇人民政府，以及县级人民政府劳动行政部门对无职业且缺乏就业能力的戒毒人员，应当提供必要的职业技能培训、就业指导和就业援助。

第三十五条 接受社区戒毒的戒毒人员应当遵守法律、法规，自觉履行社区戒毒协议，并根据公安机关的要求，定期接受检测。

对违反社区戒毒协议的戒毒人员，参与社区戒毒的工作人员应当进行批评、教育；对严重违反社区戒毒协议或者在社区戒毒期间又吸食、注射毒品的，应当及时向公安机关报告。

第三十六条 吸毒人员可以自行到具有戒毒治疗资质的医疗机构接受戒毒治疗。

设置戒毒医疗机构或者医疗机构从事戒毒治疗业务的，应当符合国务院卫生行政部门规定的条件，报所在地的省、自治区、直辖市人民政府卫生行政部门批准，并报同级公安机关备案。戒毒治疗应当遵守国务院卫生行政部门制定的戒毒治疗规范，接受卫生行政部门的监督检查。

戒毒治疗不得以营利为目的。戒毒治疗的药品、医疗器械和治疗方法不得做广告。戒毒治疗收取费用的，应当按照省、自治区、直辖市人民政府价格主管部门会同卫生行政部门制定的收费标准执行。

第三十七条 医疗机构根据戒毒治疗的需要，可以对接受戒毒治疗的戒毒人员进行身体和所携带物品的检查；对在治疗期间有人身危险的，可以采取必要的临时保护性约束措施。

发现接受戒毒治疗的戒毒人员在治疗期间吸食、注射毒品的，医疗机构应当及时向公安机关报告。

第三十八条 吸毒成瘾人员有下列情形之一的，由县级以上人民政府公安机关作出强制隔离戒毒的决定：

（一）拒绝接受社区戒毒的；

（二）在社区戒毒期间吸食、注射毒品的；

（三）严重违反社区戒毒协议的；

（四）经社区戒毒、强制隔离戒毒后再次吸食、注射毒品的。

对于吸毒成瘾严重，通过社区戒毒难以戒除毒瘾的人员，公安机关可以直接作出强制隔离戒毒的决定。

吸毒成瘾人员自愿接受强制隔离戒毒的，经公安机关同意，可以进入强制隔离戒毒场所戒毒。

第三十九条 怀孕或者正在哺乳自己不满一周岁婴儿的妇女吸毒成瘾的，不适用强制隔离戒毒。不满十六周岁的未成年人吸毒成瘾的，可以不适用强制隔离戒毒。

对依照前款规定不适用强制隔离戒毒的吸毒成瘾人员，依照本法规定进行社区戒毒，由负责社区戒毒工作的城市街道办事处、乡镇人民政府加强帮助、教育和监督，督促落实社区戒毒措施。

第四十条 公安机关对吸毒成瘾人员决定予以强制隔离戒毒的，应当制作强制隔离戒毒决定书，在执行强制隔离戒毒前送达被决定人，并在送达后二十四小时以内通知被决定人的家属、所在单位和户籍所在地公安派出所；被决定人不讲真实姓名、住址，身份不明的，公安机关应当自查清其身份后通知。

被决定人对公安机关作出的强制隔离戒毒决定不服的，可以依法申请行政复议或者提起行政诉讼。

第四十一条 对被决定予以强制隔离戒毒的人员，由作出决定的公安机关送强制隔离戒毒场所执行。

强制隔离戒毒场所的设置、管理体制和经费保障，由国务院规定。

第四十二条 戒毒人员进入强制隔离戒毒场所戒毒时，应当接受对其身体和所携带物品的检查。

第四十三条 强制隔离戒毒场所应当根据戒毒人员吸食、注射毒品的种类及成瘾程度等，对戒毒人员进行有针对性的生理、心理治疗和身体康复训练。

根据戒毒的需要，强制隔离戒毒场所可以组织戒毒人员参加必要的生产劳动，对戒毒人员进行职业技能培训。组织戒毒人员参加生产劳动的，应当支付劳动报酬。

第四十四条 强制隔离戒毒场所应当根据戒毒人员的性别、年龄、患病等情况，对戒毒人员实行分别管理。

强制隔离戒毒场所对有严重残疾或者疾病的戒毒人员，应当给予必要的看护和治疗；对患有传染病的戒毒人员，应当依法采取必要的隔离、治疗措施；对可能发生自伤、自残等情形的戒毒人员，可以采取相应的保护性约束措施。

强制隔离戒毒场所管理人员不得体罚、虐待或者侮辱戒毒人员。

第四十五条 强制隔离戒毒场所应当根据戒毒治疗的需要配备执业医师。强制隔离戒毒场所的执业医师具有麻醉药品和精神药品处方权的，可以按照有关技术规范对戒毒人员使用麻醉药品、精神药品。

卫生行政部门应当加强对强制隔离戒毒场所执业医师的业务指导和监督管理。

第四十六条 戒毒人员的亲属和所在单位或者就读学校的工作人员，可以按照有关规定探访戒毒人员。戒毒人员经强制隔离戒毒场所批准，可以外出探视配偶、直系亲属。

强制隔离戒毒场所管理人员应当对强制隔离戒毒场所以外的人员交给戒毒人员的物品和邮件进行检查，防止夹带毒品。

在检查邮件时，应当依法保护戒毒人员的通信自由和通信秘密。

第四十七条 强制隔离戒毒的期限为二年。

执行强制隔离戒毒一年后，经诊断评估，对于戒毒情况良好的戒毒人员，强制隔离戒毒场所可以提出提前解除强制隔离戒毒的意见，报强制隔离戒毒的决定机关批准。

强制隔离戒毒期满前，经诊断评估，对于需要延长戒毒期限的戒毒人员，由强制隔离戒毒场所提出延长戒毒期限的意见，报强制隔离戒毒的决定机关批准。强制隔离戒毒的期限最长可以延长一年。

第四十八条 对于被解除强制隔离戒毒的人员，强制隔离戒毒的决定机关可以责令其接受不超过三年的社区康复。

社区康复参照本法关于社区戒毒的规定实施。

第四十九条 县级以上地方各级人民政府根据戒毒工作的需要，可以开办戒毒康复场所；对社会力量依法开办的公益性戒毒康复场所应当给予扶持，提供必要的便利和帮助。

戒毒人员可以自愿在戒毒康复场所生活、劳动。戒毒康复场所组织戒毒人员参加生产劳动的，应当参照国家劳动用工制度的规定支付劳动报酬。

第五十条 公安机关、司法行政部门对被依法拘留、逮捕、收监执行刑罚以及被依法采取强制性教育措施的吸毒人员，应当给予必要的戒毒治疗。

第五十一条 省、自治区、直辖市人民政府卫生行政部门会同公安机关、药品监督管理部门依照国家有关规定，根据巩固戒毒成果的需要和本行政区域艾滋病流行情况，可以组织开展戒毒药物维持治疗工作。

第五十二条 戒毒人员在入学、就业、享受社会保障等方面不受歧视。有关部门、组织和人员应当在入学、就业、享受社会保障等方面对戒毒人员给予必要的指导和帮助。

第五章 禁毒国际合作

第五十三条 中华人民共和国根据缔结或者参加的国际条约或者按照对等原则,开展禁毒国际合作。

第五十四条 国家禁毒委员会根据国务院授权,负责组织开展禁毒国际合作,履行国际禁毒公约义务。

第五十五条 涉及追究毒品犯罪的司法协助,由司法机关依照有关法律的规定办理。

第五十六条 国务院有关部门应当按照各自职责,加强与有关国家或者地区执法机关以及国际组织的禁毒情报信息交流,依法开展禁毒执法合作。

经国务院公安部门批准,边境地区县级以上人民政府公安机关可以与有关国家或者地区的执法机关开展执法合作。

第五十七条 通过禁毒国际合作破获毒品犯罪案件的,中华人民共和国政府可以与有关国家分享查获的非法所得、由非法所得获得的收益以及供毒品犯罪使用的财物或者财物变卖所得的款项。

第五十八条 国务院有关部门根据国务院授权,可以通过对外援助等渠道,支持有关国家实施毒品原植物替代种植、发展替代产业。

第六章 法律责任

第五十九条 有下列行为之一，构成犯罪的，依法追究刑事责任；尚不构成犯罪的，依法给予治安管理处罚：

（一）走私、贩卖、运输、制造毒品的；

（二）非法持有毒品的；

（三）非法种植毒品原植物的；

（四）非法买卖、运输、携带、持有未经灭活的毒品原植物种子或者幼苗的；

（五）非法传授麻醉药品、精神药品或者易制毒化学品制造方法的；

（六）强迫、引诱、教唆、欺骗他人吸食、注射毒品的；

（七）向他人提供毒品的。

第六十条 有下列行为之一，构成犯罪的，依法追究刑事责任；尚不构成犯罪的，依法给予治安管理处罚：

（一）包庇走私、贩卖、运输、制造毒品的犯罪分子，以及为犯罪分子窝藏、转移、隐瞒毒品或者犯罪所得财物的；

（二）在公安机关查处毒品违法犯罪活动时为违法犯罪行为人通风报信的；

（三）阻碍依法进行毒品检查的；

（四）隐藏、转移、变卖或者损毁司法机关、行政执法机关依法扣押、查封、冻结的涉及毒品违法犯罪活动的财物的。

第六十一条 容留他人吸食、注射毒品或者介绍买卖毒品，构成犯罪的，依法追究刑事责任；尚不构成犯罪的，由公安机关处十日以上十五日以下拘留，可以并处三千元以下罚款；情节较轻的，处五日以下拘留或者五百元以下罚款。

第六十二条　吸食、注射毒品的，依法给予治安管理处罚。吸毒人员主动到公安机关登记或者到有资质的医疗机构接受戒毒治疗的，不予处罚。

第六十三条　在麻醉药品、精神药品的实验研究、生产、经营、使用、储存、运输、进口、出口以及麻醉药品药用原植物种植活动中，违反国家规定，致使麻醉药品、精神药品或者麻醉药品药用原植物流入非法渠道，构成犯罪的，依法追究刑事责任；尚不构成犯罪的，依照有关法律、行政法规的规定给予处罚。

第六十四条　在易制毒化学品的生产、经营、购买、运输或者进口、出口活动中，违反国家规定，致使易制毒化学品流入非法渠道，构成犯罪的，依法追究刑事责任；尚不构成犯罪的，依照有关法律、行政法规的规定给予处罚。

第六十五条　娱乐场所及其从业人员实施毒品违法犯罪行为，或者为进入娱乐场所的人员实施毒品违法犯罪行为提供条件，构成犯罪的，依法追究刑事责任；尚不构成犯罪的，依照有关法律、行政法规的规定给予处罚。

娱乐场所经营管理人员明知场所内发生聚众吸食、注射毒品或者贩毒活动，不向公安机关报告的，依照前款的规定给予处罚。

第六十六条　未经批准，擅自从事戒毒治疗业务的，由卫生行政部门责令停止违法业务活动，没收违法所得和使用的药品、医疗器械等物品；构成犯罪的，依法追究刑事责任。

第六十七条 戒毒医疗机构发现接受戒毒治疗的戒毒人员在治疗期间吸食、注射毒品，不向公安机关报告的，由卫生行政部门责令改正；情节严重的，责令停业整顿。

第六十八条 强制隔离戒毒场所、医疗机构、医师违反规定使用麻醉药品、精神药品，构成犯罪的，依法追究刑事责任；尚不构成犯罪的，依照有关法律、行政法规的规定给予处罚。

第六十九条 公安机关、司法行政部门或者其他有关主管部门的工作人员在禁毒工作中有下列行为之一，构成犯罪的，依法追究刑事责任；尚不构成犯罪的，依法给予处分：

（一）包庇、纵容毒品违法犯罪人员的；

（二）对戒毒人员有体罚、虐待、侮辱等行为的；

（三）挪用、截留、克扣禁毒经费的；

（四）擅自处分查获的毒品和扣押、查封、冻结的涉及毒品违法犯罪活动的财物的。

第七十条 有关单位及其工作人员在入学、就业、享受社会保障等方面歧视戒毒人员的，由教育行政部门、劳动行政部门责令改正；给当事人造成损失的，依法承担赔偿责任。

第七章 附 则

第七十一条 本法自2008年6月1日起施行。《全国人民代表大会常务委员会关于禁毒的决定》同时废止。

附 录

常见毒品种类

（本文为参考资料）

一、鸦片

鸦片，又称阿片，包括生鸦片和精制鸦片。将未成熟的罂粟果割出一道道的刀口，果中浆汁渗出，并凝结成为一种棕色或黑褐色的粘稠物，这就是生鸦片。精制鸦片亦称"禅杜"，即经过加工便于吸食的鸦片。另外还有鸦片渣、鸦片叶、鸦片酊、鸦片粉都是鸦片加工产品，均可供吸食之用。长期吸食鸦片可使人先天免疫力丧失，引起体质严重衰弱及精神颓废，寿命也会缩短，过量吸食可引起急性中毒，可因呼吸抑制而死亡。

二、海洛因

海洛因（Herion）通常是指二乙酰吗啡，它是由吗啡和醋酸酐反应而制成的。海洛因被称为世界毒品之王，是中国目前监控、查禁的最重要的毒品之一。海洛因品种较多，其中较为流行的有西南亚海洛因、中东海洛因、东南亚海洛因。所谓"3号海洛因"、"4号海洛因"即为东南亚海洛因中的两种。对海洛因的分号，联合国和中国均无特别的规定，而是香港、东南亚地区的一种习惯分法。3号海洛因的纯度一般为30%~50%；4号海洛因的纯度为80%。吸食海洛因极易成瘾，且难戒断，长期吸食者，瞳孔缩小，说话含糊不清，畏光，身上发痒，身体迅速消瘦，容易引起病毒性肝炎、肺气肿和肺气塞，用量过度会引起昏迷、呼吸抑制而死亡。

三、吗啡

吗啡（Morphine）是鸦片中的主要生物碱，在医学上，吗啡为麻醉性镇痛药，但久用可产生严重的依赖性，一旦失去供给，将会产生流汗、颤抖、发热、血压升高、肌肉疼痛和痉挛等明显的症状。长期使用吗啡，会引发精神失常，大剂量吸食吗啡，会导致人体呼吸停止而死亡。

四、大麻

大麻产自地球上的温暖地区或热带地区，为一年生草本植物。法律所禁止的大麻的叶子、苞片和花朵中含有一种叫做四氢大麻酚的化合物。含这种四氢大麻酚的大麻主要产在印度、摩洛哥等地。今天世界上多数毒品大麻是在墨西哥和哥伦比亚种植的。长期吸食大麻可引起精神及身体变化，如情绪烦躁，判断力和记忆力减退，工作能力下降，妄想、幻觉，对光反应迟钝、言语不清和痴呆，免疫力与抵抗力下降，对时间、距离判断失真、控制平衡能力下降等等，对驾车和复杂技术操作容易造成意外事故。

五、可卡因

可卡因是一种最强的天然产中枢神经系统兴奋剂，是从古柯属植物古柯灌木的叶中提出来的一种生物碱。此类毒品主要有古柯叶、古柯膏、可卡因等品种。可卡因是具有高度精神依赖性的药物，可造成吸服者精神变异、焦虑、抑郁或偏执狂，身体危害表现为眼睛反应特别迟纯、耳聋、口腔、鼻腔溃疡，丧失食欲并导致营养不良，大剂量使用会造成严重全合并症甚至死亡。

六、冰毒

冰毒即甲基苯丙胺，又名甲基安非他明、去氧麻黄碱，是一种无味或微有苦味的透明结晶体，形似冰，故俗称"冰毒"。该毒品主要流行于日本、韩国、台湾、菲律宾等东亚国家和地区。由于该毒品可一次成瘾，其商品各称为 SPEED（快速丸）。"冰毒"可造成精神偏执，行为举止咄咄逼人，并引发反社会及性暴力倾向，还可引起吸服者幻觉、情绪低落，同时严重损害内脏器官和脑组织，严重时导致肾机能衰竭及精神失常，甚至造成死亡。

七、摇头丸

"摇头丸"是甲基苯丙胺的衍生物，也是一种兴奋剂，又称"甩头丸"、"快乐丸"、"疯丸"等等，常制成颜色、图案各异的片剂。近两年，"摇头丸"在中国渐呈泛滥之势，其主要滥用场所为舞厅、卡拉OK歌厅等公共娱乐场所。"摇头丸"具有强烈的中枢神经兴奋作用，服用后表现为情感冲动、兴奋异常、自我约束力下降、听到音乐后摇头不止，并有迷幻感觉和暴力倾向。使用数次即可成瘾，轻者出现头晕、乏力、体重减轻、失眠、恶心等症状，长期服用除导致产生精神分裂外，还可导致死亡。

八、杜冷丁

杜冷丁是吗啡的人工代用品，具有与吗啡类似的性质。药理作用与吗啡相同，临床应用与吗啡也相同，杜冷丁反复作用也可成瘾，不良反应与吗啡相似。所以，无论从其药理作用、成瘾性对人体的危害来讲，还是从法律文件规定上讲，杜冷丁都是一种毒品。

九、咖啡因

从咖啡提炼出来的毒品，吸食容易上瘾。

十、阿拉伯茶

咀嚼时其中含有的令人兴奋的成分对人体中枢神经具有刺激作用，使人上瘾，是一种软性毒品。

公安机关缴获毒品管理规定

关于印发《公安机关缴获毒品管理规定》的通知

公禁毒〔2016〕486号

各省、自治区、直辖市公安厅、局,新疆生产建设兵团公安局:

为规范公安机关缴获毒品管理工作,保障毒品刑事案件、行政案件顺利办理,公安部对《公安机关缴获毒品管理规定》进行了修订完善,现印发给你们。请结合本地实际,认真贯彻落实。

各地执行情况和遇到的问题,请及时报部。

中华人民共和国公安部

2016年5月19日

第一章 总 则

第一条 为进一步规范公安机关缴获毒品管理工作,保障毒品案件的顺利办理,根据有关法律、行政法规和规章,制定本规定。

第二条 公安机关(含铁路、交通、民航、森林公安机关和海关缉私机构、边防管理部门)对办理毒品刑事案件、行政案件过程中依法扣押、收缴的毒品进行保管、移交、入库、调用、出库、处理等工作,适用本规定。

第三条 各级公安机关应当高度重视毒品管理工作,建立健全毒品管理制度,强化监督,确保安全,严防流失,适时销毁。

第二章 毒品的保管

第四条 省级公安机关禁毒部门负责对缴获毒品实行集中统一保管。

办理毒品案件的公安派出所、出入境边防检查机关以及除省级公安机关禁毒部门外的县级以上公安机关办案部门(以下统称办案部门)负责临时保管缴获毒品。

经省级公安机关禁毒部门批准并报公安部禁毒局备案,设区的市一级公安机关禁毒部门可以对缴获毒品实行集中统一保管。

第五条 有条件的公安机关可以指定涉案财物管理部门负责临时保管缴获毒品。

经省级公安机关批准并报公安部禁毒局备案,设区的市一级公安机关涉案财物管理部门可以对缴获毒品实行集中统一保管。

第六条 公安机关鉴定机构负责临时保管鉴定剩余的毒品检材和留存备查的毒品检材。

对不再需要保留的毒品检材,公安机关鉴定机构应当及时交还委托鉴定的办案部门或者移交同级公安机关禁毒部门。

第七条 公安机关集中统一保管毒品的,应当划设独立的房间或者场地,设置长期固定的专用保管仓库;临时保管毒品的,应当设置保管仓库或者使用专用保管柜。

毒品保管仓库应当符合避光、防潮、通风和保密的要求，安装防盗安全门、防护栏、防火设施、通风设施、控温设施、视频监控系统和入侵报警系统。

毒品专用保管仓库不得存放其他物品。

第八条 办案部门应当指定不承担办案或者鉴定工作的民警负责本部门毒品的接收、保管、移交等管理工作。

毒品保管仓库和专用保险柜应当由专人负责看守。毒品保管实行双人双锁制度；毒品入库双人验收，出库双人复核，做到账物相符。

第九条 办案部门和负责毒品保管的涉案财物管理部门应当设立毒品保管账册并保存二十年备查。

有条件的省级公安机关，可以建立缴获毒品管理信息系统，对毒品进行实时、全程录入和管理，并与执法办案信息系统关联。

第十条 对易燃、易爆、具有毒害性以及对保管条件、保管场所有特殊要求的毒品，在处理前应当存放在符合条件的专门场所。公安机关没有具备保管条件的场所的，可以借用其他单位符合条件的场所进行保管。

对借用其他单位的场所保管的毒品，公安机关应当派专人看守或者进行定期检查。

第十一条 公安机关应当采取安全保障措施，防止保管的毒品发生泄漏、遗失、损毁或者受到污染等。

毒品保管人员应当定期检查毒品保管仓库和毒品保管柜并清点保管的毒品，及时发现和排除安全隐患。

第三章 毒品的移交、入库

第十二条 对办理毒品案件过程中发现的毒品，办案人员应当及时固定、提取,依法予以扣押、收缴。

办案人员应当在缴获毒品的现场对毒品及其包装物进行封装,并及时完成称量、取样、送检等工作;确因客观原因无法在现场实施封装的,应当经办案部门负责人批准。

第十三条　办案人员依法扣押、收缴毒品后,应当在二十四小时以内将毒品移交本部门的毒品保管人员,并办理移交手续。

异地办案或者在偏远、交通不便地区办案的,办案人员应当在返回办案单位后的二十四小时以内办理移交手续。

需要将毒品送至鉴定机构进行取样、鉴定的,经办案部门负责人批准,办案人员可以在送检完成后的二十四小时以内办理移交手续。

第十四条　除禁毒部门外的其他办案部门应当在扣押、收缴毒品之日起七日以内将毒品移交所在地的县级或者设区的市一级公安机关禁毒部门。

具有案情复杂、缴获毒品数量较大、异地办案等情形的,移交毒品的时间可以延长至二十日。

第十五条　刑事案件侦查终结、依法撤销或者对行政案件作出行政处罚决定、终止案件调查后,县级公安机关禁毒部门应当及时将临时保管的毒品移交上一级公安机关禁毒部门。

对因犯罪嫌疑人或者违法行为人无法确定、负案在逃等客观原因无法侦查终结或者无法作出行政处罚决定的案件,应当在立案或者受案后的一年以内移交。

第十六条　不起诉决定或者判决、裁定(含死刑复核判决、裁定)发生法律效力,或者行政处罚决定已过复议诉讼期限后,负责临时保管毒品的设区的市一级公安机关禁毒部门应当及时将临时保管的毒品移交省级公安机关禁毒部门集中统一保管。

第十七条 公安机关指定涉案财物管理部门负责保管毒品的，禁毒部门应当及时将本部门缴获的毒品和其他办案部门、鉴定机构移交的毒品移交同级涉案财物管理部门。

负责临时保管毒品的涉案财物管理部门应当依照本规定第十五条、第十六条的规定及时移交临时保管的毒品。

第十八条 毒品保管人员对本部门办案人员或者其他办案部门、鉴定机构移交的毒品，应当当场检查毒品及其包装物的封装是否完好以及封装袋上的标记、编号、签名等是否清晰、完整，并对照有关法律文书对移交的毒品逐一查验、核对。

对符合条件可以办理入库的毒品，毒品保管人员应当将入库毒品登记造册，详细登记移交毒品的种类、数量、封装情况、移交单位、移交人员、移交时间等情况，在《扣押清单》《证据保全清单》或者《收缴/追缴物品清单》上签字并留存一份备查。

对缺少法律文书、法律文书对必要事项记载不全、移交的毒品与法律文书记载不符或者移交的毒品未按规定封装的，毒品保管人员可以拒绝接收，并应当要求办案人员及时补齐相关法律文书、信息或者按规定封装后移交。

第四章 毒品的调用、出库

第十九条 因讯问、询问、鉴定、辨认、检验等办案工作需要，经本条第二款规定的负责人审批，办案人员可以调用毒品。

调用办案部门保管的毒品的,应当经办案部门负责人批准;调用涉案财物管理部门保管的毒品的,应当经涉案财物管理部门所属公安机关的禁毒部门负责人批准;除禁毒部门外的其他办案部门调用禁毒部门保管的毒品的,应当经负责毒品保管的禁毒部门负责人批准。

人民法院、人民检察院在案件诉讼过程中需要调用毒品的,应当由办案部门依照前两款的规定办理调用手续。

第二十条 因开展禁毒宣传教育、缉毒犬训练、教学科研等工作需要调用集中统一保管的毒品的,应当经省级或者经授权的设区的市一级公安机关分管禁毒工作的负责人批准。

第二十一条 毒品保管人员应当对照批准文件核对调用出库的毒品,详细登记调用人、审批人、调用事由、调用期限、出库时间以及出库毒品的状态和数量等事项。

第二十二条 调用人应当按照批准的调用目的使用毒品,并采取措施妥善保管调用的毒品,防止流失或者出现缺损、调换、灭失等情况。

调用人应当在调用结束后的二十四小时以内将毒品归还毒品保管人员。

调用人归还毒品时,毒品保管人员应当对照批准文件进行核对,检查包装,复称重量;必要时,可以进行检验或者鉴定。经核对、检查无误,毒品保管人员应当重新办理毒品入库手续。

对出现缺损、调换、灭失等情况的,毒品保管人员应当如实记录,并报告调用人所属部门;毒品在调用过程中出现分解、潮解等情况的,调用人应当作出书面说明;因鉴定取样、实验研究等情况导致调用毒品发生合理损耗的,调用人应当提供相应的证明材料。

第二十三条 公安机关需要运输毒品的，应当由两名以上民警负责押运或者通过安全可靠的运输渠道进行运输。

负责押运的民警应当自启运起全程携带相关证明文件。

运输毒品过程中，公安机关应当采取安全保障措施，防止毒品发生泄漏、遗失、损毁或者受到污染等。

第五章 毒品的处理

第二十四条 缴获毒品不随案移送人民检察院、人民法院，但办案部门应当将其清单、照片或者其他证明文件随案移送。

对需要作为证据使用的毒品，不起诉决定或者判决、裁定（含死刑复核判决、裁定）发生法律效力，或者行政处罚决定已过复议诉讼期限后方可销毁。

第二十五条 对集中统一保管的毒品，除因办案、留样备查等工作需要少量留存外，省级公安机关或者经授权的市一级公安机关应当适时组织销毁。

其他任何部门或者个人不得以任何理由擅自处理毒品。

第二十六条 需要销毁毒品的，应当由负责毒品集中统一保管的禁毒部门提出销毁毒品的种类、数量和销毁的地点、时间、方式等，经省级公安机关负责人批准，方可销毁。

第二十七条 毒品保管人员应当对照批准文件核对出库销毁的毒品，并将毒品出库情况登记造册。

公安机关需要销毁毒品的，应当制定安全保卫方案和突发事件应急处理预案；必要时，可以邀请检察机关和环境保护主管部门派员监督；有条件的，可以委托具有危险废物无害化处理资质的单位进行销毁。

第二十八条 设区的市一级公安机关禁毒部门应当于每年12月31日前将本年度保管毒品的入库量、出库量、库存量、销毁量和缴获毒品管理工作情况报省级公安机关禁毒部门备案。

省级公安机关禁毒部门应当于每年1月31日前将上年度保管毒品的入库量、出库量、库存量、销毁量和本省（自治区、直辖市）缴获毒品管理工作情况报公安部禁毒局备案。

第六章 监 督

第二十九条 各级公安机关分管禁毒工作的负责人对毒品管理工作承担重要领导责任，各级公安机关禁毒部门和负责毒品保管的涉案财物管理部门的主要负责人对毒品管理工作承担主要领导责任。

第三十条 各级公安机关应当将毒品管理工作纳入执法监督和执法质量考评范围，定期或者不定期地组织有关部门对本机关和办案部门负责保管的毒品进行核查，防止流失、毁灭或者不按规定移交、调用、处理等；发现毒品管理不当的，应当责令立即改正。

第三十一条 未按本规定严格管理毒品，致使毒品流失、毁灭或者导致严重后果的，应当依照有关规定追究相关责任人和毒品管理人员的责任；涉嫌犯罪的，移送司法机关依法追究刑事责任。

第七章 附 则

第三十二条 本规定所称的公安机关禁毒部门，包括县级以上地方公安机关毒品犯罪侦查部门以及县级以上地方公安机关根据公安部有关规定确定的承担禁毒工作职责的业务部门。

本规定所称的毒品，包括毒品的成品、半成品、疑似物以及其他含有毒品成分的物质，但不包括含有毒品成分的人体生物样本。

第三十三条 本规定所称的"以上""以内"包括本数，"日"是指工作日。

第三十四条 各地公安机关可以根据本规定，结合本地和各警种实际情况，制定缴获毒品管理的具体办法，并报上一级公安机关备案。

第三十五条 公安机关从其他部门和个人接收毒品的管理，依照本规定执行。

第三十六条 本规定自2016年7月1日起施行。2001年8月23日印发的《公安机关缴获毒品管理规定》（公禁毒〔2001〕218号）同时废止。

戒毒条例

中华人民共和国国务院令

第 597 号

《戒毒条例》已经 2011 年 6 月 22 日国务院第 160 次常务会议通过,现予公布,自公布之日起施行。

总理 温家宝

二〇一一年六月二十六日

第一章 总 则

第一条 为了规范戒毒工作,帮助吸毒成瘾人员戒除毒瘾,维护社会秩序,根据《中华人民共和国禁毒法》,制定本条例。

第二条 县级以上人民政府应当建立政府统一领导,禁毒委员会组织、协调、指导,有关部门各负其责,社会力量广泛参与的戒毒工作体制。

戒毒工作坚持以人为本、科学戒毒、综合矫治、关怀救助的原则，采取自愿戒毒、社区戒毒、强制隔离戒毒、社区康复等多种措施，建立戒毒治疗、康复指导、救助服务兼备的工作体系。

第三条 县级以上人民政府应当按照国家有关规定将戒毒工作所需经费列入本级财政预算。

第四条 县级以上地方人民政府设立的禁毒委员会可以组织公安机关、卫生行政和药品监督管理部门开展吸毒监测、调查，并向社会公开监测、调查结果。

县级以上地方人民政府公安机关负责对涉嫌吸毒人员进行检测，对吸毒人员进行登记并依法实行动态管控，依法责令社区戒毒、决定强制隔离戒毒、责令社区康复，管理公安机关的强制隔离戒毒场所、戒毒康复场所，对社区戒毒、社区康复工作提供指导和支持。

设区的市级以上地方人民政府司法行政部门负责管理司法行政部门的强制隔离戒毒场所、戒毒康复场所，对社区戒毒、社区康复工作提供指导和支持。

县级以上地方人民政府卫生行政部门负责戒毒医疗机构的监督管理，会同公安机关、司法行政等部门制定戒毒医疗机构设置规划，对戒毒医疗服务提供指导和支持。

县级以上地方人民政府民政、人力资源社会保障、教育等部门依据各自的职责，对社区戒毒、社区康复工作提供康复和职业技能培训等指导和支持。

第五条 乡（镇）人民政府、城市街道办事处负责社区戒毒、社区康复工作。

第六条 县级、设区的市级人民政府需要设置强制隔离戒毒场所、戒毒康复场所的,应当合理布局,报省、自治区、直辖市人民政府批准,并纳入当地国民经济和社会发展规划。

强制隔离戒毒场所、戒毒康复场所的建设标准,由国务院建设部门、发展改革部门会同国务院公安部门、司法行政部门制定。

第七条 戒毒人员在入学、就业、享受社会保障等方面不受歧视。

对戒毒人员戒毒的个人信息应当依法予以保密。对戒断3年未复吸的人员,不再实行动态管控。

第八条 国家鼓励、扶持社会组织、企业、事业单位和个人参与戒毒科研、戒毒社会服务和戒毒社会公益事业。

对在戒毒工作中有显著成绩和突出贡献的,按照国家有关规定给予表彰、奖励。

第二章 自愿戒毒

第九条 国家鼓励吸毒成瘾人员自行戒除毒瘾。吸毒人员可以自行到戒毒医疗机构接受戒毒治疗。对自愿接受戒毒治疗的吸毒人员,公安机关对其原吸毒行为不予处罚。

第十条 戒毒医疗机构应当与自愿戒毒人员或者其监护人签订自愿戒毒协议,就戒毒方法、戒毒期限、戒毒的个人信息保密、戒毒人员应当遵守的规章制度、终止戒毒治疗的情形等作出约定,并应当载明戒毒疗效、戒毒治疗风险。

第十一条 戒毒医疗机构应当履行下列义务:

（一）对自愿戒毒人员开展艾滋病等传染病的预防、咨询教育；

（二）对自愿戒毒人员采取脱毒治疗、心理康复、行为矫治等多种治疗措施，并应当符合国务院卫生行政部门制定的戒毒治疗规范；

（三）采用科学、规范的诊疗技术和方法，使用的药物、医院制剂、医疗器械应当符合国家有关规定；

（四）依法加强药品管理，防止麻醉药品、精神药品流失滥用。

第十二条 符合参加戒毒药物维持治疗条件的戒毒人员，由本人申请，并经登记，可以参加戒毒药物维持治疗。登记参加戒毒药物维持治疗的戒毒人员的信息应当及时报公安机关备案。

戒毒药物维持治疗的管理办法，由国务院卫生行政部门会同国务院公安部门、药品监督管理部门制定。

第三章 社区戒毒

第十三条 对吸毒成瘾人员，县级、设区的市级人民政府公安机关可以责令其接受社区戒毒，并出具责令社区戒毒决定书，送达本人及其家属，通知本人户籍所在地或者现居住地乡（镇）人民政府、城市街道办事处。

第十四条 社区戒毒人员应当自收到责令社区戒毒决定书之日起15日内到社区戒毒执行地乡（镇）人民政府、城市街道办事处报到，无正当理由逾期不报到的，视为拒绝接受社区戒毒。

社区戒毒的期限为 3 年, 自报到之日起计算。

第十五条 乡（镇）人民政府、城市街道办事处应当根据工作需要成立社区戒毒工作领导小组，配备社区戒毒专职工作人员，制定社区戒毒工作计划，落实社区戒毒措施。

第十六条 乡（镇）人民政府、城市街道办事处，应当在社区戒毒人员报到后及时与其签订社区戒毒协议，明确社区戒毒的具体措施、社区戒毒人员应当遵守的规定以及违反社区戒毒协议应承担的责任。

第十七条 社区戒毒专职工作人员、社区民警、社区医务人员、社区戒毒人员的家庭成员以及禁毒志愿者共同组成社区戒毒工作小组具体实施社区戒毒。

第十八条 乡（镇）人民政府、城市街道办事处和社区戒毒工作小组应当采取下列措施管理、帮助社区戒毒人员：

（一）戒毒知识辅导；

（二）教育、劝诫；

（三）职业技能培训，职业指导，就学、就业、就医援助；

（四）帮助戒毒人员戒除毒瘾的其他措施。

第十九条 社区戒毒人员应当遵守下列规定：

（一）履行社区戒毒协议；

（二）根据公安机关的要求，定期接受检测；

（三）离开社区戒毒执行地所在县（市、区）3 日以上的，须书面报告。

第二十条 社区戒毒人员在社区戒毒期间，逃避或者拒绝接受检测 3 次以上，擅自离开社区戒毒执行地所在县（市、区）3 次以上或者累计超过 30 日的，属于《中华人民共和国禁毒法》

规定的"严重违反社区戒毒协议"。

第二十一条 社区戒毒人员拒绝接受社区戒毒,在社区戒毒期间又吸食、注射毒品,以及严重违反社区戒毒协议的,社区戒毒专职工作人员应当及时向当地公安机关报告。

第二十二条 社区戒毒人员的户籍所在地或者现居住地发生变化,需要变更社区戒毒执行地的,社区戒毒执行地乡(镇)人民政府、城市街道办事处应当将有关材料转送至变更后的乡(镇)人民政府、城市街道办事处。

社区戒毒人员应当自社区戒毒执行地变更之日起15日内前往变更后的乡(镇)人民政府、城市街道办事处报到,社区戒毒时间自报到之日起连续计算。

变更后的乡(镇)人民政府、城市街道办事处,应当按照本条例第十六条的规定,与社区戒毒人员签订新的社区戒毒协议,继续执行社区戒毒。

第二十三条 社区戒毒自期满之日起解除。社区戒毒执行地公安机关应当出具解除社区戒毒通知书送达社区戒毒人员本人及其家属,并在7日内通知社区戒毒执行地乡(镇)人民政府、城市街道办事处。

第二十四条 社区戒毒人员被依法收监执行刑罚、采取强制性教育措施的,社区戒毒终止。

社区戒毒人员被依法拘留、逮捕的,社区戒毒中止,由羁押场所给予必要的戒毒治疗,释放后继续接受社区戒毒。

第四章 强制隔离戒毒

第二十五条 吸毒成瘾人员有《中华人民共和国禁毒法》

第三十八条第一款所列情形之一的,由县级、设区的市级人民政府公安机关作出强制隔离戒毒的决定。

对于吸毒成瘾严重,通过社区戒毒难以戒除毒瘾的人员,县级、设区的市级人民政府公安机关可以直接作出强制隔离戒毒的决定。

吸毒成瘾人员自愿接受强制隔离戒毒的,经强制隔离戒毒场所所在地县级、设区的市级人民政府公安机关同意,可以进入强制隔离戒毒场所戒毒。强制隔离戒毒场所应当与其就戒毒治疗期限、戒毒治疗措施等作出约定。

第二十六条 对依照《中华人民共和国禁毒法》第三十九条第一款规定不适用强制隔离戒毒的吸毒成瘾人员,县级、设区的市级人民政府公安机关应当作出社区戒毒的决定,依照本条例第三章的规定进行社区戒毒。

第二十七条 强制隔离戒毒的期限为2年,自作出强制隔离戒毒决定之日起计算。

被强制隔离戒毒的人员在公安机关的强制隔离戒毒场所执行强制隔离戒毒3个月至6个月后,转至司法行政部门的强制隔离戒毒场所继续执行强制隔离戒毒。

执行前款规定不具备条件的省、自治区、直辖市,由公安机关和司法行政部门共同提出意见报省、自治区、直辖市人民政府决定具体执行方案,但在公安机关的强制隔离戒毒场所执行强制隔离戒毒的时间不得超过12个月。

第二十八条 强制隔离戒毒场所对强制隔离戒毒人员的身体和携带物品进行检查时发现的毒品等违禁品,应当依法处理;对生活必需品以外的其他物品,由强制隔离戒毒场所代为保管。

女性强制隔离戒毒人员的身体检查，应当由女性工作人员进行。

第二十九条　强制隔离戒毒场所设立戒毒医疗机构应当经所在地省、自治区、直辖市人民政府卫生行政部门批准。强制隔离戒毒场所应当配备设施设备及必要的管理人员，依法为强制隔离戒毒人员提供科学规范的戒毒治疗、心理治疗、身体康复训练和卫生、道德、法制教育，开展职业技能培训。

第三十条　强制隔离戒毒场所应当根据强制隔离戒毒人员的性别、年龄、患病等情况对强制隔离戒毒人员实行分别管理；对吸食不同种类毒品的，应当有针对性地采取必要的治疗措施；根据戒毒治疗的不同阶段和强制隔离戒毒人员的表现，实行逐步适应社会的分级管理。

第三十一条　强制隔离戒毒人员患严重疾病，不出所治疗可能危及生命的，经强制隔离戒毒场所主管机关批准，并报强制隔离戒毒决定机关备案，强制隔离戒毒场所可以允许其所外就医。所外就医的费用由强制隔离戒毒人员本人承担。

所外就医期间，强制隔离戒毒期限连续计算。对于健康状况不再适宜回所执行强制隔离戒毒的，强制隔离戒毒场所应当向强制隔离戒毒决定机关提出变更为社区戒毒的建议，强制隔离戒毒决定机关应当自收到建议之日起7日内，作出是否批准的决定。经批准变更为社区戒毒的，已执行的强制隔离戒毒期限折抵社区戒毒期限。

第三十二条　强制隔离戒毒人员脱逃的，强制隔离戒毒场所应当立即通知所在地县级人民政府公安机关，并配合公安机关追回脱逃人员。被追回的强制隔离戒毒人员应当继续执行强制隔离戒毒，脱逃期间不计入强制隔离戒毒期限。被追回的强制隔离戒毒人员不得提前解除强制隔离戒毒。

第三十三条 对强制隔离戒毒场所依照《中华人民共和国禁毒法》第四十七条第二款、第三款规定提出的提前解除强制隔离戒毒、延长戒毒期限的意见，强制隔离戒毒决定机关应当自收到意见之日起7日内，作出是否批准的决定。对提前解除强制隔离戒毒或者延长强制隔离戒毒期限的，批准机关应当出具提前解除强制隔离戒毒决定书或者延长强制隔离戒毒期限决定书，送达被决定人，并在送达后24小时以内通知被决定人的家属、所在单位以及其户籍所在地或者现居住地公安派出所。

第三十四条 解除强制隔离戒毒的，强制隔离戒毒场所应当在解除强制隔离戒毒3日前通知强制隔离戒毒决定机关，出具解除强制隔离戒毒证明书送达戒毒人员本人，并通知其家属、所在单位、其户籍所在地或者现居住地公安派出所将其领回。

第三十五条 强制隔离戒毒诊断评估办法由国务院公安部门、司法行政部门会同国务院卫生行政部门制定。

第三十六条 强制隔离戒毒人员被依法收监执行刑罚、采取强制性教育措施或者被依法拘留、逮捕的，由监管场所、羁押场所给予必要的戒毒治疗，强制隔离戒毒的时间连续计算；刑罚执行完毕时、解除强制性教育措施时或者释放时强制隔离戒毒尚未期满的，继续执行强制隔离戒毒。

第五章 社区康复

第三十七条 对解除强制隔离戒毒的人员，强制隔离戒毒的决定机关可以责令其接受不超过3年的社区康复。

社区康复在当事人户籍所在地或者现居住地乡（镇）人民政府、城市街道办事处执行，经当事人同意，也可以在戒毒康复场所中执行。

第三十八条　被责令接受社区康复的人员，应当自收到责令社区康复决定书之日起15日内到户籍所在地或者现居住地乡（镇）人民政府、城市街道办事处报到，签订社区康复协议。

被责令接受社区康复的人员拒绝接受社区康复或者严重违反社区康复协议，并再次吸食、注射毒品被决定强制隔离戒毒的，强制隔离戒毒不得提前解除。

第三十九条　负责社区康复工作的人员应当为社区康复人员提供必要的心理治疗和辅导、职业技能培训、职业指导以及就学、就业、就医援助。

第四十条　社区康复自期满之日起解除。社区康复执行地公安机关出具解除社区康复通知书送达社区康复人员本人及其家属，并在7日内通知社区康复执行地乡（镇）人民政府、城市街道办事处。

第四十一条　自愿戒毒人员、社区戒毒、社区康复的人员可以自愿与戒毒康复场所签订协议，到戒毒康复场所戒毒康复、生活和劳动。

戒毒康复场所应当配备必要的管理人员和医务人员，为戒毒人员提供戒毒康复、职业技能培训和生产劳动条件。

第四十二条　戒毒康复场所应当加强管理，严禁毒品流入，并建立戒毒康复人员自我管理、自我教育、自我服务的机制。

戒毒康复场所组织戒毒人员参加生产劳动，应当参照国家劳动用工制度的规定支付劳动报酬。

第六章　法律责任

第四十三条　公安、司法行政、卫生行政等有关部门工作人员泄露戒毒人员个人信息的，依法给予处分；构成犯罪的，依法追究刑事责任。

第四十四条　乡（镇）人民政府、城市街道办事处负责社区戒毒、社区康复工作的人员有下列行为之一的，依法给予处分：

（一）未与社区戒毒、社区康复人员签订社区戒毒、社区康复协议，不落实社区戒毒、社区康复措施的；

（二）不履行本条例第二十一条规定的报告义务的；

（三）其他不履行社区戒毒、社区康复监督职责的行为。

第四十五条　强制隔离戒毒场所的工作人员有下列行为之一的，依法给予处分；构成犯罪的，依法追究刑事责任：

（一）侮辱、虐待、体罚强制隔离戒毒人员的；

（二）收受、索要财物的；

（三）擅自使用、损毁、处理没收或者代为保管的财物的；

（四）为强制隔离戒毒人员提供麻醉药品、精神药品或者违反规定传递其他物品的；

（五）在强制隔离戒毒诊断评估工作中弄虚作假的；

（六）私放强制隔离戒毒人员的；

（七）其他徇私舞弊、玩忽职守、不履行法定职责的行为。

第七章　附　则

第四十六条　本条例自公布之日起施行。1995年1月12日国务院发布的《强制戒毒办法》同时废止。

附　录

吸毒检测程序规定

中华人民共和国公安部令

第 141 号

　　《公安部关于修改〈吸毒检测程序规定〉的决定》已经 2016 年 11 月 22 日公安部部长办公会议通过，现予发布，自 2017 年 1 月 1 日起施行。

公安部部长
2016 年 12 月 16 日

　　(2009 年 9 月 27 日中华人民共和国公安部令第 110 号发布；根据 2016 年 12 月 16 日公安部令第 141 号《公安部关于修改〈吸毒检测程序规定〉的决定》修订)

　　第一条　为规范公安机关吸毒检测工作，保护当事人的合法权益，根据《中华人民共和国禁毒法》、《戒毒条例》等有关法律规定，制定本规定。

第二条 吸毒检测是运用科学技术手段对涉嫌吸毒的人员进行生物医学检测，为公安机关认定吸毒行为提供科学依据的活动。

吸毒检测的对象，包括涉嫌吸毒的人员，被决定执行强制隔离戒毒的人员，被公安机关责令接受社区戒毒和社区康复的人员，以及戒毒康复场所内的戒毒康复人员。

第三条 吸毒检测分为现场检测、实验室检测、实验室复检。

第四条 现场检测由县级以上公安机关或者其派出机构进行。

实验室检测由县级以上公安机关指定的取得检验鉴定机构资格的实验室或者有资质的医疗机构进行。

实验室复检由县级以上公安机关指定的取得检验鉴定机构资格的实验室进行。

实验室检测和实验室复检不得由同一检测机构进行。

第五条 吸毒检测样本的采集应当使用专用器材。现场检测器材应当是国家主管部门批准生产或者进口的合格产品。

第六条 检测样本为采集的被检测人员的尿液、血液、唾液或者毛发等生物样本。

第七条 被检测人员拒绝接受检测的，经县级以上公安机关或者其派出机构负责人批准，可以对其进行强制检测。

第八条 公安机关采集、送检、检测样本，应当由两名以上工作人员进行；采集女性被检测人尿液检测样本，应当由女性工作人员进行。

采集的检测样本经现场检测结果为阳性的，应当分别保存在 A、B 两个样本专用器材中并编号，由采集人和被采集人共同签字封存，采用检材适宜的条件予以保存，保存期不得少于六个月。

第九条 现场检测应当出具检测报告，由检测人签名，并加盖检测的公安机关或者其派出机构的印章。

现场检测结果应当当场告知被检测人，并由被检测人在检测报告上签名。被检测人拒不签名的，公安民警应当在检测报告上注明。

第十条 被检测人对现场检测结果有异议的，可以在被告知检测结果之日起的三日内，向现场检测的公安机关提出实验室检测申请。

公安机关应当在接到实验室检测申请后的三日内作出是否同意进行实验室检测的决定，并将结果告知被检测人。

第十一条 公安机关决定进行实验室检测的，应当在作出实验室检测决定后的三日内，将保存的 A 样本送交县级以上公安机关指定的具有检验鉴定资格的实验室或者有资质的医疗机构。

第十二条 接受委托的实验室或者医疗机构应当在接到检测样本后的三日内出具实验室检测报告，由检测人签名，并加盖检测机构公章后，送委托实验室检测的公安机关。公安机关收到检测报告后，应当在二十四小时内将检测结果告知被检测人。

第十三条 被检测人对实验室检测结果有异议的，可以在被告知检测结果后的三日内，向现场检测的公安机关提出实验室复检申请。

公安机关应当在接到实验室复检申请后的三日内作出是否同意进行实验室复检的决定，并将结果告知被检测人。

第十四条　公安机关决定进行实验室复检的，应当在作出实验室复检决定后的三日内，将保存的 B 样本送交县级以上公安机关指定的具有检验鉴定资格的实验室。

第十五条　接受委托的实验室应当在接到检测样本后的三日内出具检测报告，由检测人签名，并加盖专用鉴定章后，送委托实验室复检的公安机关。公安机关收到检测报告后，应当在二十四小时内将检测结果告知被检测人。

第十六条　接受委托的实验室检测机构或者实验室复检机构认为送检样本不符合检测条件的，应当报县级以上公安机关或者其派出机构负责人批准后，由公安机关根据检测机构的意见，重新采集检测样本。

第十七条　被检测人是否申请实验室检测和实验室复检，不影响案件的正常办理。

第十八条　现场检测费用、实验室检测、实验室复检的费用由公安机关承担。

第十九条　公安机关、鉴定机构或者其工作人员违反本规定，有下列情形之一的，应当依照有关规定，对相关责任人给予纪律处分或者行政处分；构成犯罪的，依法追究刑事责任：

（一）因严重不负责任给当事人合法权益造成重大损害的；

（二）故意提供虚假检测报告的；

（三）法律、行政法规规定的其他情形。

第二十条　吸毒检测的技术标准由公安部另行制定。

第二十一条　本规定所称"以上"、"内"皆包含本级或者本数，"日"是指工作日。

第二十二条　本规定自 2010 年 1 月 1 日起施行。

最高人民法院关于审理毒品犯罪案件适用法律若干问题的解释

法释〔2016〕8号

最高人民法院公告

《最高人民法院关于审理毒品犯罪案件适用法律若干问题的解释》已于2016年1月25日由最高人民法院审判委员会第1676次会议通过,现予公布,自2016年4月11日起施行

最高人民法院

2016年4月6日

为依法惩治毒品犯罪,根据《中华人民共和国刑法》的有关规定,现就审理此类刑事案件适用法律的若干问题解释如下:

第一条 走私、贩卖、运输、制造、非法持有下列毒品,应当认定为刑法第三百四十七条第二款第一项、第三百四十八条规定的"其他毒品数量大":

(一)可卡因五十克以上;

(二)3,4-亚甲二氧基甲基苯丙胺(MDMA)等苯丙胺类毒品(甲基苯丙胺除外)、吗啡一百克以上;

(三)芬太尼一百二十五克以上;

(四)甲卡西酮二百克以上;

（五）二氢埃托啡十毫克以上；

（六）哌替啶（度冷丁）二百五十克以上；

（七）氯胺酮五百克以上；

（八）美沙酮一千克以上；

（九）曲马多、γ-羟丁酸二千克以上；

（十）大麻油五千克、大麻脂十千克、大麻叶及大麻烟一百五十千克以上；

（十一）可待因、丁丙诺啡五千克以上；

（十二）三唑仑、安眠酮五十千克以上；

（十三）阿普唑仑、恰特草一百千克以上；

（十四）咖啡因、罂粟壳二百千克以上；

（十五）巴比妥、苯巴比妥、安钠咖、尼美西泮二百五十千克以上；

（十六）氯氮卓、艾司唑仑、地西泮、溴西泮五百千克以上；

（十七）上述毒品以外的其他毒品数量大的。

国家定点生产企业按照标准规格生产的麻醉药品或者精神药品被用于毒品犯罪的，根据药品中毒品成分的含量认定涉案毒品数量。

第二条 走私、贩卖、运输、制造、非法持有下列毒品，应当认定为刑法第三百四十七条第三款、第三百四十八条规定的"其他毒品数量较大"：

（一）可卡因十克以上不满五十克；

（二）3，4-亚甲二氧基甲基苯丙胺（MDMA）等苯丙胺类毒品（甲基苯丙胺除外）、吗啡二十克以上不满一百克；

（三）芬太尼二十五克以上不满一百二十五克；

（四）甲卡西酮四十克以上不满二百克；

（五）二氢埃托啡二毫克以上不满十毫克；

（六）哌替啶（度冷丁）五十克以上不满二百五十克；

（七）氯胺酮一百克以上不满五百克；

（八）美沙酮二百克以上不满一千克；

（九）曲马多、γ-羟丁酸四百克以上不满二千克；

（十）大麻油一千克以上不满五千克、大麻脂二千克以上不满十千克、大麻叶及大麻烟三十千克以上不满一百五十千克；

（十一）可待因、丁丙诺啡一千克以上不满五千克；

（十二）三唑仑、安眠酮十千克以上不满五十千克；

（十三）阿普唑仑、恰特草二十千克以上不满一百千克；

（十四）咖啡因、罂粟壳四十千克以上不满二百千克；

（十五）巴比妥、苯巴比妥、安钠咖、尼美西泮五十千克以上不满二百五十千克；

（十六）氯氮卓、艾司唑仑、地西泮、溴西泮一百千克以上不满五百千克；

（十七）上述毒品以外的其他毒品数量较大的。

第三条 在实施走私、贩卖、运输、制造毒品犯罪的过程中，携带枪支、弹药或者爆炸物用于掩护的，应当认定为刑法第三百四十七条第二款第三项规定的"武装掩护走私、贩卖、运输、制造毒品"。枪支、弹药、爆炸物种类的认定，依照相关司法解释的规定执行。

在实施走私、贩卖、运输、制造毒品犯罪的过程中，以暴力抗拒检查、拘留、逮捕，造成执法人员死亡、重伤、多人轻伤或者具有其他严重情节的，应当认定为刑法第三百四十七条第二款第四项规定的"以暴力抗拒检查、拘留、逮捕，情节严重"。

第四条 走私、贩卖、运输、制造毒品，具有下列情形之一的，应当认定为刑法第三百四十七条第四款规定的"情节严重"：

（一）向多人贩卖毒品或者多次走私、贩卖、运输、制造毒品的；

（二）在戒毒场所、监管场所贩卖毒品的；

（三）向在校学生贩卖毒品的；

（四）组织、利用残疾人、严重疾病患者、怀孕或者正在哺乳自己婴儿的妇女走私、贩卖、运输、制造毒品的；

（五）国家工作人员走私、贩卖、运输、制造毒品的；

（六）其他情节严重的情形。

第五条 非法持有毒品达到刑法第三百四十八条或者本解释第二条规定的"数量较大"标准，且具有下列情形之一的，应当认定为刑法第三百四十八条规定的"情节严重"：

（一）在戒毒场所、监管场所非法持有毒品的；

（二）利用、教唆未成年人非法持有毒品的；

（三）国家工作人员非法持有毒品的；

（四）其他情节严重的情形。

第六条 包庇走私、贩卖、运输、制造毒品的犯罪分子，具有下列情形之一的，应当认定为刑法第三百四十九条第一款规定的"情节严重"：

（一）被包庇的犯罪分子依法应当判处十五年有期徒刑以上

刑罚的;

（二）包庇多名或者多次包庇走私、贩卖、运输、制造毒品的犯罪分子的;

（三）严重妨害司法机关对被包庇的犯罪分子实施的毒品犯罪进行追究的;

（四）其他情节严重的情形。

为走私、贩卖、运输、制造毒品的犯罪分子窝藏、转移、隐瞒毒品或者毒品犯罪所得的财物，具有下列情形之一的，应当认定为刑法第三百四十九条第一款规定的"情节严重"：

（一）为犯罪分子窝藏、转移、隐瞒毒品达到刑法第三百四十七条第二款第一项或者本解释第一条第一款规定的"数量大"标准的;

（二）为犯罪分子窝藏、转移、隐瞒毒品犯罪所得的财物价值达到五万元以上的;

（三）为多人或者多次为他人窝藏、转移、隐瞒毒品或者毒品犯罪所得的财物的;

（四）严重妨害司法机关对该犯罪分子实施的毒品犯罪进行追究的;

（五）其他情节严重的情形。

包庇走私、贩卖、运输、制造毒品的近亲属，或者为其窝藏、转移、隐瞒毒品或者毒品犯罪所得的财物，不具有本条前两款规定的"情节严重"情形，归案后认罪、悔罪、积极退赃，且系初犯、偶犯，犯罪情节轻微不需要判处刑罚的，可以免予刑事处罚。

第七条 违反国家规定，非法生产、买卖、运输制毒物品、走私制毒物品，达到下列数量标准的，应当认定为刑法第三百五十条第一款规定的"情节较重"：

（一）麻黄碱（麻黄素）、伪麻黄碱（伪麻黄素）、消旋麻黄碱（消旋麻黄素）一千克以上不满五千克；

（二）1-苯基-2-丙酮、1-苯基-2-溴-1-丙酮、3,4-亚甲基二氧苯基-2-丙酮、羟亚胺二千克以上不满十千克；

（三）3-氧-2-苯基丁腈、邻氯苯基环戊酮、去甲麻黄碱（去甲麻黄素）、甲基麻黄碱（甲基麻黄素）四千克以上不满二十千克；

（四）醋酸酐十千克以上不满五十千克；

（五）麻黄浸膏、麻黄浸膏粉、胡椒醛、黄樟素、黄樟油、异黄樟素、麦角酸、麦角胺、麦角新碱、苯乙酸二十千克以上不满一百千克；

（六）N-乙酰邻氨基苯酸、邻氨基苯甲酸、三氯甲烷、乙醚、哌啶五十千克以上不满二百五十千克；

（七）甲苯、丙酮、甲基乙基酮、高锰酸钾、硫酸、盐酸一百千克以上不满五百千克；

（八）其他制毒物品数量相当的。

违反国家规定，非法生产、买卖、运输制毒物品、走私制毒物品，达到前款规定的数量标准最低值的百分之五十，且具有下列情形之一的，应当认定为刑法第三百五十条第一款规定的"情节较重"：

（一）曾因非法生产、买卖、运输制毒物品、走私制毒物品受过刑事处罚的；

（二）二年内曾因非法生产、买卖、运输制毒物品、走私制毒物品受过行政处罚的；

（三）一次组织五人以上或者多次非法生产、买卖、运输制毒物品、走私制毒物品，或者在多个地点非法生产制毒物品的；

（四）利用、教唆未成年人非法生产、买卖、运输制毒物品、走私制毒物品的；

（五）国家工作人员非法生产、买卖、运输制毒物品、走私制毒物品的；

（六）严重影响群众正常生产、生活秩序的；

（七）其他情节较重的情形。

易制毒化学品生产、经营、购买、运输单位或者个人未办理许可证明或者备案证明，生产、销售、购买、运输易制毒化学品，确实用于合法生产、生活需要的，不以制毒物品犯罪论处。

第八条 违反国家规定，非法生产、买卖、运输制毒物品、走私制毒物品，具有下列情形之一的，应当认定为刑法第三百五十条第一款规定的"情节严重"：

（一）制毒物品数量在本解释第七条第一款规定的最高数量标准以上，不满最高数量标准五倍的；

（二）达到本解释第七条第一款规定的数量标准，且具有本解释第七条第二款第三项至第六项规定的情形之一的；

（三）其他情节严重的情形。

违反国家规定，非法生产、买卖、运输制毒物品、走私制毒物品，具有下列情形之一的，应当认定为刑法第三百五十条第一款规定的"情节特别严重"：

（一）制毒物品数量在本解释第七条第一款规定的最高数量

标准五倍以上的；

（二）达到前款第一项规定的数量标准，且具有本解释第七条第二款第三项至第六项规定的情形之一的；

（三）其他情节特别严重的情形。

第九条 非法种植毒品原植物，具有下列情形之一的，应当认定为刑法第三百五十一条第一款第一项规定的"数量较大"：

（一）非法种植大麻五千株以上不满三万株的；

（二）非法种植罂粟二百平方米以上不满一千二百平方米、大麻二千平方米以上不满一万二千平方米，尚未出苗的；

（三）非法种植其他毒品原植物数量较大的。

非法种植毒品原植物，达到前款规定的最高数量标准的，应当认定为刑法第三百五十一条第二款规定的"数量大"。

第十条 非法买卖、运输、携带、持有未经灭活的毒品原植物种子或者幼苗，具有下列情形之一的，应当认定为刑法第三百五十二条规定的"数量较大"：

（一）罂粟种子五十克以上、罂粟幼苗五千株以上的；

（二）大麻种子五十千克以上、大麻幼苗五万株以上的；

（三）其他毒品原植物种子或者幼苗数量较大的。

第十一条 引诱、教唆、欺骗他人吸食、注射毒品，具有下列情形之一的，应当认定为刑法第三百五十三条第一款规定的"情节严重"：

（一）引诱、教唆、欺骗多人或者多次引诱、教唆、欺骗他人吸食、注射毒品的；

（二）对他人身体健康造成严重危害的；

(三) 导致他人实施故意杀人、故意伤害、交通肇事等犯罪行为的；

(四) 国家工作人员引诱、教唆、欺骗他人吸食、注射毒品的；

(五) 其他情节严重的情形。

第十二条 容留他人吸食、注射毒品，具有下列情形之一的，应当依照刑法第三百五十四条的规定，以容留他人吸毒罪定罪处罚：

(一) 一次容留多人吸食、注射毒品的；

(二) 二年内多次容留他人吸食、注射毒品的；

(三) 二年内曾因容留他人吸食、注射毒品受过行政处罚的；

(四) 容留未成年人吸食、注射毒品的；

(五) 以牟利为目的容留他人吸食、注射毒品的；

(六) 容留他人吸食、注射毒品造成严重后果的；

(七) 其他应当追究刑事责任的情形。

向他人贩卖毒品后又容留其吸食、注射毒品，或者容留他人吸食、注射毒品并向其贩卖毒品，符合前款规定的容留他人吸毒罪的定罪条件的，以贩卖毒品罪和容留他人吸毒罪数罪并罚。

容留近亲属吸食、注射毒品，情节显著轻微危害不大的，不作为犯罪处理；需要追究刑事责任的，可以酌情从宽处罚。

第十三条 依法从事生产、运输、管理、使用国家管制的麻醉药品、精神药品的人员，违反国家规定，向吸食、注射毒品的人提供国家规定管制的能够使人形成瘾癖的麻醉药品、精神药品，具有下列情形之一的，应当依照刑法第三百五十五条第一款的规定，以非法提供麻醉药品、精神药品罪定罪处罚：

（一）非法提供麻醉药品、精神药品达到刑法第三百四十七条第三款或者本解释第二条规定的"数量较大"标准最低值的百分之五十，不满"数量较大"标准的；

（二）二年内曾因非法提供麻醉药品、精神药品受过行政处罚的；

（三）向多人或者多次非法提供麻醉药品、精神药品的；

（四）向吸食、注射毒品的未成年人非法提供麻醉药品、精神药品的；

（五）非法提供麻醉药品、精神药品造成严重后果的；

（六）其他应当追究刑事责任的情形。

具有下列情形之一的，应当认定为刑法第三百五十五条第一款规定的"情节严重"：

（一）非法提供麻醉药品、精神药品达到刑法第三百四十七条第三款或者本解释第二条规定的"数量较大"标准的；

（二）非法提供麻醉药品、精神药品达到前款第一项规定的数量标准，且具有前款第三项至第五项规定的情形之一的；

（三）其他情节严重的情形。

第十四条 利用信息网络，设立用于实施传授制造毒品、非法生产制毒物品的方法，贩卖毒品，非法买卖制毒物品或者组织他人吸食、注射毒品等违法犯罪活动的网站、通讯群组，或者发布实施前述违法犯罪活动的信息，情节严重的，应当依照刑法第二百八十七条之一的规定，以非法利用信息网络罪定罪处罚。

实施刑法第二百八十七条之一、第二百八十七条之二规定的行为，同时构成贩卖毒品罪、非法买卖制毒物品罪、传授犯罪方法罪等犯罪的，依照处罚较重的规定定罪处罚。

第十五条 本解释自2016年4月11日起施行。《最高人民法院关于审理毒品案件定罪量刑标准有关问题的解释》（法释〔2000〕13号）同时废止；之前发布的司法解释和规范性文件与本解释不一致的，以本解释为准。

全国普法学习读本

★ ★ ★ ★ ★

精神卫生法律法规学习读本
麻醉药品管理类法律法规

■ 魏光朴 主编

加大全民普法力度，建设社会主义法治文化，树立宪法法律至上、法律面前人人平等的法治理念。

——中国共产党第十九次全国代表大会《决胜全面建成小康社会 夺取新时代中国特色社会主义伟大胜利》

汕头大学出版社

图书在版编目（CIP）数据

麻醉药品管理类法律法规／魏光朴主编． -- 汕头：汕头大学出版社（2021.7 重印）
（精神卫生法律法规学习读本）
ISBN 978-7-5658-3340-3

Ⅰ．①麻… Ⅱ．①魏… Ⅲ．①麻醉药-药品管理法-中国-学习参考资料 Ⅳ．①D922.164

中国版本图书馆 CIP 数据核字（2018）第 000910 号

麻醉药品管理类法律法规　MAZUI YAOPIN GUANLILEI FALÜ FAGUI

主　　编：	魏光朴
责任编辑：	邹　峰
责任技编：	黄东生
封面设计：	大华文苑
出版发行：	汕头大学出版社
	广东省汕头市大学路 243 号汕头大学校园内　邮政编码：515063
电　　话：	0754-82904613
印　　刷：	三河市南阳印刷有限公司
开　　本：	690mm×960mm 1/16
印　　张：	18
字　　数：	226 千字
版　　次：	2018 年 1 月第 1 版
印　　次：	2021 年 7 月第 2 次印刷
定　　价：	59.60 元（全 2 册）

ISBN 978-7-5658-3340-3

版权所有，翻版必究
如发现印装质量问题，请与承印厂联系退换

前　言

习近平总书记指出："推进全民守法，必须着力增强全民法治观念。要坚持把全民普法和守法作为依法治国的长期基础性工作，采取有力措施加强法制宣传教育。要坚持法治教育从娃娃抓起，把法治教育纳入国民教育体系和精神文明创建内容，由易到难、循序渐进不断增强青少年的规则意识。要健全公民和组织守法信用记录，完善守法诚信褒奖机制和违法失信行为惩戒机制，形成守法光荣、违法可耻的社会氛围，使遵法守法成为全体人民共同追求和自觉行动。"

中共中央、国务院曾经转发了中央宣传部、司法部关于在公民中开展法治宣传教育的规划，并发出通知，要求各地区各部门结合实际认真贯彻执行。通知指出，全民普法和守法是依法治国的长期基础性工作。深入开展法治宣传教育，是全面建成小康社会和新农村的重要保障。

普法规划指出：各地区各部门要根据实际需要，从不同群体的特点出发，因地制宜开展有特色的法治宣传教育坚持集中法治宣传教育与经常性法治宣传教育相结合，深化法律进机关、进乡村、进社区、进学校、进企业、进单位的"法律六进"主题活动，完善工作标准，建立长效机制。

特别是农业、农村和农民问题，始终是关系党和人民事业发展的全局性和根本性问题。党中央、国务院发布的《关于推进社会主义新农村建设的若干意见》中明确提出要"加强农村法制建设，深入开展农村普法教育，增强农民的法制观念，提高农民依法行使权利和履行义务的自觉性。"多年普法实践证明，普及法律知识，提高法制观念，增强全社会依法办事意识具有重要作用。特别是在广大农村进行普法教育，是提高全民法律素质的需要。

多年来，我国在农村实行的改革开放取得了极大成功，农村发生了翻天覆地的变化，广大农民生活水平大大得到了提高。但是，由于历史和社会等原因，现阶段我国一些地区农民文化素质还不高，不学法、不懂法、不守法现象虽然较原来有所改变，但仍有相当一部分群众的法制观念仍很淡化，不懂、不愿借助法律来保护自身权益，这就极易受到不法的侵害，或极易进行违法犯罪活动，严重阻碍了全面建成小康社会和新农村步伐。

为此，根据党和政府的指示精神以及普法规划，特别是根据广大农村农民的现状，在有关部门和专家的指导下，特别编辑了这套《全国普法学习读本》。主要包括了广大人民群众应知应懂、实际实用的法律法规。为了辅导学习，附录还收入了相应法律法规的条例准则、实施细则、解读解答、案例分析等；同时为了突出法律法规的实际实用特点，兼顾地方性和特殊性，附录还收入了部分某些地方性法律法规以及非法律法规的政策文件、管理制度、应用表格等内容，拓展了本书的知识范围，使法律法规更"接地气"，便于读者学习掌握和实际应用。

在众多法律法规中，我们通过甄别，淘汰了废止的，精选了最新的、权威的和全面的。但有部分法律法规有些条款不适应当下情况了，却没有颁布新的，我们又不能擅自改动，只得保留原有条款，但附录却有相应的补充修改意见或通知等。众多法律法规根据不同内容和受众特点，经过归类组合，优化配套。整套普法读本非常全面系统，具有很强的学习性、实用性和指导性，非常适合用于广大农村和城乡普法学习教育与实践指导。总之，是全国全民普法的良好读本。

目 录

易制毒化学品管理条例

第一章　总　则 …………………………………………（1）
第二章　生产、经营管理 ………………………………（3）
第三章　购买管理 ………………………………………（6）
第四章　运输管理 ………………………………………（7）
第五章　进口、出口管理 ………………………………（9）
第六章　监督检查 ………………………………………（11）
第七章　法律责任 ………………………………………（12）
第八章　附　则 …………………………………………（15）
附　录
　　危险化学品安全管理条例 …………………………（16）
　　药品类易制毒化学品管理办法 ……………………（49）
　　易制毒化学品进出口管理规定 ……………………（62）

麻醉药品和精神药品管理条例

第一章　总　则 …………………………………………（74）
第二章　种植、实验研究和生产 ………………………（76）
第三章　经　营 …………………………………………（79）
第四章　使　用 …………………………………………（82）
第五章　储　存 …………………………………………（85）
第六章　运　输 …………………………………………（86）
第七章　审批程序和监督管理 …………………………（87）
第八章　法律责任 ………………………………………（90）

第九章　附　则……………………………………（95）
附　录
　　麻醉药品、第一类精神药品管理实施细则……………（97）
　　癌症患者申办麻醉药品专用卡的规定……………………（103）

麻醉药品和精神药品生产管理办法（试行）

第一章　总　则……………………………………（108）
第二章　定点生产……………………………………（108）
第三章　生产计划……………………………………（110）
第四章　安全管理……………………………………（112）
第五章　销售管理……………………………………（114）
第六章　附　则……………………………………（116）
附　录
　　麻醉药品和精神药品邮寄管理办法……………………（117）
　　非药用类麻醉药品和精神药品列管办法………………（120）

麻醉药品和精神药品经营管理办法（试行）

第一章　总　则……………………………………（124）
第二章　定　点……………………………………（124）
第三章　购　销……………………………………（127）
第四章　管　理……………………………………（130）
第五章　附　则……………………………………（132）
附　录
　　医疗机构麻醉药品、第一类精神药品管理规定………（133）

易制毒化学品管理条例

中华人民共和国国务院令

第 666 号

《国务院关于修改部分行政法规的决定》已经2016年1月13日国务院第119次常务会议通过,现予公布,自公布之日起施行。

总理　李克强

2016 年 2 月 6 日

(2005年8月26日中华人民共和国国务院令第445号公布;根据2014年7月29日公布的国务院令653号《国务院关于修改部分行政法规的决定》第十五条修改;根据2016年2月6日公布的国务院令第666号《国务院关于修改部分行政法规的决定》第四十六条修改)

第一章　总　则

第一条　为了加强易制毒化学品管理,规范易制毒化学品的生产、经营、购买、运输和进口、出口行为，防止易制毒化学品被用于制造毒品，维护经济和社会秩序，制定本条例。

第二条 国家对易制毒化学品的生产、经营、购买、运输和进口、出口实行分类管理和许可制度。

易制毒化学品分为三类。第一类是可以用于制毒的主要原料，第二类、第三类是可以用于制毒的化学配剂。易制毒化学品的具体分类和品种，由本条例附表列示。

易制毒化学品的分类和品种需要调整的，由国务院公安部门会同国务院食品药品监督管理部门、安全生产监督管理部门、商务主管部门、卫生主管部门和海关总署提出方案，报国务院批准。

省、自治区、直辖市人民政府认为有必要在本行政区域内调整分类或者增加本条例规定以外的品种的，应当向国务院公安部门提出，由国务院公安部门会同国务院有关行政主管部门提出方案，报国务院批准。

第三条 国务院公安部门、食品药品监督管理部门、安全生产监督管理部门、商务主管部门、卫生主管部门、海关总署、价格主管部门、铁路主管部门、交通主管部门、工商行政管理部门、环境保护主管部门在各自的职责范围内，负责全国的易制毒化学品有关管理工作；县级以上地方各级人民政府有关行政主管部门在各自的职责范围内，负责本行政区域内的易制毒化学品有关管理工作。

县级以上地方各级人民政府应当加强对易制毒化学品管理工作的领导，及时协调解决易制毒化学品管理工作中的问题。

第四条 易制毒化学品的产品包装和使用说明书，应当标明产品的名称（含学名和通用名）、化学分子式和成分。

第五条 易制毒化学品的生产、经营、购买、运输和进口、出口，除应当遵守本条例的规定外，属于药品和危险化学品的，还应当遵守法律、其他行政法规对药品和危险化学品的有关规定。

禁止走私或者非法生产、经营、购买、转让、运输易制毒化学品。

禁止使用现金或者实物进行易制毒化学品交易。但是，个人合法购买第一类中的药品类易制毒化学品药品制剂和第三类易制毒化学品的除外。

生产、经营、购买、运输和进口、出口易制毒化学品的单位，应当建立单位内部易制毒化学品管理制度。

第六条　国家鼓励向公安机关等有关行政主管部门举报涉及易制毒化学品的违法行为。接到举报的部门应当为举报者保密。对举报属实的，县级以上人民政府及有关行政主管部门应当给予奖励。

第二章　生产、经营管理

第七条　申请生产第一类易制毒化学品，应当具备下列条件，并经本条例第八条规定的行政主管部门审批，取得生产许可证后，方可进行生产：

（一）属依法登记的化工产品生产企业或者药品生产企业；

（二）有符合国家标准的生产设备、仓储设施和污染物处理设施；

（三）有严格的安全生产管理制度和环境突发事件应急预案；

（四）企业法定代表人和技术、管理人员具有安全生产和易制毒化学品的有关知识，无毒品犯罪记录；

（五）法律、法规、规章规定的其他条件。

申请生产第一类中的药品类易制毒化学品，还应当在仓储场所等重点区域设置电视监控设施以及与公安机关联网的报警装置。

第八条　申请生产第一类中的药品类易制毒化学品的，由国务院食品药品监督管理部门审批；申请生产第一类中的非药品类易制毒化学品的，由省、自治区、直辖市人民政府安全生产监督管理部门审批。

前款规定的行政主管部门应当自收到申请之日起 60 日内，对申请人提交的申请材料进行审查。对符合规定的，发给生产许可证，或者在企业已经取得的有关生产许可证件上标注；不予许可的，应当书面说明理由。

审查第一类易制毒化学品生产许可申请材料时，根据需要，可以进行实地核查和专家评审。

第九条 申请经营第一类易制毒化学品，应当具备下列条件，并经本条例第十条规定的行政主管部门审批，取得经营许可证后，方可进行经营：

（一）属依法登记的化工产品经营企业或者药品经营企业；

（二）有符合国家规定的经营场所，需要储存、保管易制毒化学品的，还应当有符合国家技术标准的仓储设施；

（三）有易制毒化学品的经营管理制度和健全的销售网络；

（四）企业法定代表人和销售、管理人员具有易制毒化学品的有关知识，无毒品犯罪记录；

（五）法律、法规、规章规定的其他条件。

第十条 申请经营第一类中的药品类易制毒化学品的，由国务院食品药品监督管理部门审批；申请经营第一类中的非药品类易制毒化学品的，由省、自治区、直辖市人民政府安全生产监督管理部门审批。

前款规定的行政主管部门应当自收到申请之日起 30 日内，对申请人提交的申请材料进行审查。对符合规定的，发给经营许可证，或者在企业已经取得的有关经营许可证件上标注；不予许可的，应当书面说明理由。

审查第一类易制毒化学品经营许可申请材料时，根据需要，可以进行实地核查。

第十一条 取得第一类易制毒化学品生产许可或者依照本条例第十三条第一款规定已经履行第二类、第三类易制毒化学品备案手续的生产企业，可以经销自产的易制毒化学品。但是，在厂外设立销售网点经销第一类易制毒化学品的，应当依照本条例的规定取得经营许可。

第一类中的药品类易制毒化学品药品单方制剂，由麻醉药品定点经营企业经销，且不得零售。

第十二条 取得第一类易制毒化学品生产、经营许可的企业，应当凭生产、经营许可证到工商行政管理部门办理经营范围变更登记。未经变更登记，不得进行第一类易制毒化学品的生产、经营。

第一类易制毒化学品生产、经营许可证被依法吊销的，行政主管部门应当自作出吊销决定之日起5日内通知工商行政管理部门；被吊销许可证的企业，应当及时到工商行政管理部门办理经营范围变更或者企业注销登记。

第十三条 生产第二类、第三类易制毒化学品的，应当自生产之日起30日内，将生产的品种、数量等情况，向所在地的设区的市级人民政府安全生产监督管理部门备案。

经营第二类易制毒化学品的，应当自经营之日起30日内，将经营的品种、数量、主要流向等情况，向所在地的设区的市级人民政府安全生产监督管理部门备案；经营第三类易制毒化学品的，应当自经营之日起30日内，将经营的品种、数量、主要流向等情况，向所在地的县级人民政府安全生产监督管理部门备案。

前两款规定的行政主管部门应当于收到备案材料的当日发给备案证明。

第三章 购买管理

第十四条 申请购买第一类易制毒化学品，应当提交下列证件，经本条例第十五条规定的行政主管部门审批，取得购买许可证：

（一）经营企业提交企业营业执照和合法使用需要证明；

（二）其他组织提交登记证书（成立批准文件）和合法使用需要证明。

第十五条 申请购买第一类中的药品类易制毒化学品的，由所在地的省、自治区、直辖市人民政府食品药品监督管理部门审批；申请购买第一类中的非药品类易制毒化学品的，由所在地的省、自治区、直辖市人民政府公安机关审批。

前款规定的行政主管部门应当自收到申请之日起10日内，对申请人提交的申请材料和证件进行审查。对符合规定的，发给购买许可证；不予许可的，应当书面说明理由。

审查第一类易制毒化学品购买许可申请材料时，根据需要，可以进行实地核查。

第十六条 持有麻醉药品、第一类精神药品购买印鉴卡的医疗机构购买第一类中的药品类易制毒化学品的，无须申请第一类易制毒化学品购买许可证。

个人不得购买第一类、第二类易制毒化学品。

第十七条 购买第二类、第三类易制毒化学品的，应当在购买前将所需购买的品种、数量，向所在地的县级人民政府公安机关备案。个人自用购买少量高锰酸钾的，无须备案。

第十八条 经营单位销售第一类易制毒化学品时，应当查验购买许可证和经办人的身份证明。对委托代购的，还应当查验购买人持有的委托文书。

经营单位在查验无误、留存上述证明材料的复印件后，方可出售第一类易制毒化学品；发现可疑情况的，应当立即向当地公安机关报告。

第十九条　经营单位应当建立易制毒化学品销售台账，如实记录销售的品种、数量、日期、购买方等情况。销售台账和证明材料复印件应当保存2年备查。

第一类易制毒化学品的销售情况，应当自销售之日起5日内报当地公安机关备案；第一类易制毒化学品的使用单位，应当建立使用台账，并保存2年备查。

第二类、第三类易制毒化学品的销售情况，应当自销售之日起30日内报当地公安机关备案。

第四章　运输管理

第二十条　跨设区的市级行政区域（直辖市为跨市界）或者在国务院公安部门确定的禁毒形势严峻的重点地区跨县级行政区域运输第一类易制毒化学品的，由运出地的设区的市级人民政府公安机关审批；运输第二类易制毒化学品的，由运出地的县级人民政府公安机关审批。经审批取得易制毒化学品运输许可证后，方可运输。

运输第三类易制毒化学品的，应当在运输前向运出地的县级人民政府公安机关备案。公安机关应当于收到备案材料的当日发给备案证明。

第二十一条　申请易制毒化学品运输许可，应当提交易制毒化学品的购销合同，货主是企业的，应当提交营业执照；货主是其他组织的，应当提交登记证书（成立批准文件）；货主是个人的，应当提交其个人身份证明。经办人还应当提交本人的身份证明。

公安机关应当自收到第一类易制毒化学品运输许可申请之日起 10 日内，收到第二类易制毒化学品运输许可申请之日起 3 日内，对申请人提交的申请材料进行审查。对符合规定的，发给运输许可证；不予许可的，应当书面说明理由。

审查第一类易制毒化学品运输许可申请材料时，根据需要，可以进行实地核查。

第二十二条 对许可运输第一类易制毒化学品的，发给一次有效的运输许可证。

对许可运输第二类易制毒化学品的，发给 3 个月有效的运输许可证；6 个月内运输安全状况良好的，发给 12 个月有效的运输许可证。

易制毒化学品运输许可证应当载明拟运输的易制毒化学品的品种、数量、运入地、货主及收货人、承运人情况以及运输许可证种类。

第二十三条 运输供教学、科研使用的 100 克以下的麻黄素样品和供医疗机构制剂配方使用的小包装麻黄素以及医疗机构或者麻醉药品经营企业购买麻黄素片剂 6 万片以下、注射剂 1.5 万支以下，货主或者承运人持有依法取得的购买许可证明或者麻醉药品调拨单的，无须申请易制毒化学品运输许可。

第二十四条 接受货主委托运输的，承运人应当查验货主提供的运输许可证或者备案证明，并查验所运货物与运输许可证或者备案证明载明的易制毒化学品品种等情况是否相符；不相符的，不得承运。

运输易制毒化学品，运输人员应当自启运起全程携带运输许可证或者备案证明。公安机关应当在易制毒化学品的运输过程中进行检查。

运输易制毒化学品，应当遵守国家有关货物运输的规定。

第二十五条　因治疗疾病需要，患者、患者近亲属或者患者委托的人凭医疗机构出具的医疗诊断书和本人的身份证明，可以随身携带第一类中的药品类易制毒化学品药品制剂，但是不得超过医用单张处方的最大剂量。

医用单张处方最大剂量，由国务院卫生主管部门规定、公布。

第五章　进口、出口管理

第二十六条　申请进口或者出口易制毒化学品，应当提交下列材料，经国务院商务主管部门或者其委托的省、自治区、直辖市人民政府商务主管部门审批，取得进口或者出口许可证后，方可从事进口、出口活动：

（一）对外贸易经营者备案登记证明（外商投资企业联合年检合格证书）复印件；

（二）营业执照副本；

（三）易制毒化学品生产、经营、购买许可证或者备案证明；

（四）进口或者出口合同（协议）副本；

（五）经办人的身份证明。

申请易制毒化学品出口许可的，还应当提交进口方政府主管部门出具的合法使用易制毒化学品的证明或者进口方合法使用的保证文件。

第二十七条　受理易制毒化学品进口、出口申请的商务主管部门应当自收到申请材料之日起 20 日内，对申请材料进行审查，必要时可以进行实地核查。对符合规定的，发给进口或者出口许可证；不予许可的，应当书面说明理由。

对进口第一类中的药品类易制毒化学品的，有关的商务主管部门在作出许可决定前，应当征得国务院食品药品监督管理部门的同意。

第二十八条　麻黄素等属于重点监控物品范围的易制毒化学品，由国务院商务主管部门会同国务院有关部门核定的企业进口、出口。

第二十九条　国家对易制毒化学品的进口、出口实行国际核查制度。易制毒化学品国际核查目录及核查的具体办法，由国务院商务主管部门会同国务院公安部门规定、公布。

国际核查所用时间不计算在许可期限之内。

对向毒品制造、贩运情形严重的国家或者地区出口易制毒化学品以及本条例规定品种以外的化学品的，可以在国际核查措施以外实施其他管制措施，具体办法由国务院商务主管部门会同国务院公安部门、海关总署等有关部门规定、公布。

第三十条　进口、出口或者过境、转运、通运易制毒化学品的，应当如实向海关申报，并提交进口或者出口许可证。海关凭许可证办理通关手续。

易制毒化学品在境外与保税区、出口加工区等海关特殊监管区域、保税场所之间进出的，适用前款规定。

易制毒化学品在境内与保税区、出口加工区等海关特殊监管区域、保税场所之间进出的，或者在上述海关特殊监管区域、保税场所之间进出的，无须申请易制毒化学品进口或者出口许可证。

进口第一类中的药品类易制毒化学品，还应当提交食品药品监督管理部门出具的进口药品通关单。

第三十一条　进出境人员随身携带第一类中的药品类易制毒化学品药品制剂和高锰酸钾，应当以自用且数量合理为限，并接受海关监管。

进出境人员不得随身携带前款规定以外的易制毒化学品。

第六章 监督检查

第三十二条 县级以上人民政府公安机关、食品药品监督管理部门、安全生产监督管理部门、商务主管部门、卫生主管部门、价格主管部门、铁路主管部门、交通主管部门、工商行政管理部门、环境保护主管部门和海关，应当依照本条例和有关法律、行政法规的规定，在各自的职责范围内，加强对易制毒化学品生产、经营、购买、运输、价格以及进口、出口的监督检查；对非法生产、经营、购买、运输易制毒化学品，或者走私易制毒化学品的行为，依法予以查处。

前款规定的行政主管部门在进行易制毒化学品监督检查时，可以依法查看现场、查阅和复制有关资料、记录有关情况、扣押相关的证据材料和违法物品；必要时，可以临时查封有关场所。

被检查的单位或者个人应当如实提供有关情况和材料、物品，不得拒绝或者隐匿。

第三十三条 对依法收缴、查获的易制毒化学品，应当在省、自治区、直辖市或者设区的市级人民政府公安机关、海关或者环境保护主管部门的监督下，区别易制毒化学品的不同情况进行保管、回收，或者依照环境保护法律、行政法规的有关规定，由有资质的单位在环境保护主管部门的监督下销毁。其中，对收缴、查获的第一类中的药品类易制毒化学品，一律销毁。

易制毒化学品违法单位或者个人无力提供保管、回收或者销毁费用的，保管、回收或者销毁的费用在回收所得中开支，或者在有关行政主管部门的禁毒经费中列支。

第三十四条 易制毒化学品丢失、被盗、被抢的，发案单位应当立即向当地公安机关报告，并同时报告当地的县级人民政府食品药品监督管理部门、安全生产监督管理部门、商务主管部门或者卫生主管部门。接到报案的公安机关应当及时立案查处，并向上级公安机关报告；有关行政主管部门应当逐级上报并配合公安机关的查处。

第三十五条　有关行政主管部门应当将易制毒化学品许可以及依法吊销许可的情况通报有关公安机关和工商行政管理部门；工商行政管理部门应当将生产、经营易制毒化学品企业依法变更或者注销登记的情况通报有关公安机关和行政主管部门。

第三十六条　生产、经营、购买、运输或者进口、出口易制毒化学品的单位，应当于每年3月31日前向许可或者备案的行政主管部门和公安机关报告本单位上年度易制毒化学品的生产、经营、购买、运输或者进口、出口情况；有条件的生产、经营、购买、运输或者进口、出口单位，可以与有关行政主管部门建立计算机联网，及时通报有关经营情况。

第三十七条　县级以上人民政府有关行政主管部门应当加强协调合作，建立易制毒化学品管理情况、监督检查情况以及案件处理情况的通报、交流机制。

第七章　法律责任

第三十八条　违反本条例规定，未经许可或者备案擅自生产、经营、购买、运输易制毒化学品，伪造申请材料骗取易制毒化学品生产、经营、购买或者运输许可证，使用他人的或者伪造、变造、失效的许可证生产、经营、购买、运输易制毒化学品的，由公安机关没收非法生产、经营、购买或者运输的易制毒化学品、用于非法生产易制毒化学品的原料以及非法生产、经营、购买或者运输易制毒化学品的设备、工具，处非法生产、经营、购买或者运输的易制毒化学品货值10倍以上20倍以下的罚款，货值的20倍不足1万元的，按1万元罚款；有违法所得的，没收违法所得；有营业执照的，由工商行政管理部门吊销营业执照；构成犯罪的，依法追究刑事责任。

对有前款规定违法行为的单位或者个人，有关行政主管部门可以自作出行政处罚决定之日起3年内，停止受理其易制毒化学品生产、经营、购买、运输或者进口、出口许可申请。

第三十九条 违反本条例规定，走私易制毒化学品的，由海关没收走私的易制毒化学品；有违法所得的，没收违法所得，并依照海关法律、行政法规给予行政处罚；构成犯罪的，依法追究刑事责任。

第四十条 违反本条例规定，有下列行为之一的，由负有监督管理职责的行政主管部门给予警告，责令限期改正，处1万元以上5万元以下的罚款；对违反规定生产、经营、购买的易制毒化学品可以予以没收；逾期不改正的，责令限期停产停业整顿；逾期整顿不合格的，吊销相应的许可证：

（一）易制毒化学品生产、经营、购买、运输或者进口、出口单位未按规定建立安全管理制度的；

（二）将许可证或者备案证明转借他人使用的；

（三）超出许可的品种、数量生产、经营、购买易制毒化学品的；

（四）生产、经营、购买单位不记录或者不如实记录交易情况、不按规定保存交易记录或者不如实、不及时向公安机关和有关行政主管部门备案销售情况的；

（五）易制毒化学品丢失、被盗、被抢后未及时报告，造成严重后果的；

（六）除个人合法购买第一类中的药品类易制毒化学品药品制

剂以及第三类易制毒化学品外，使用现金或者实物进行易制毒化学品交易的；

（七）易制毒化学品的产品包装和使用说明书不符合本条例规定要求的；

（八）生产、经营易制毒化学品的单位不如实或者不按时向有关行政主管部门和公安机关报告年度生产、经销和库存等情况的。

企业的易制毒化学品生产经营许可被依法吊销后，未及时到工商行政管理部门办理经营范围变更或者企业注销登记的，依照前款规定，对易制毒化学品予以没收，并处罚款。

第四十一条 运输的易制毒化学品与易制毒化学品运输许可证或者备案证明载明的品种、数量、运入地、货主及收货人、承运人等情况不符，运输许可证种类不当，或者运输人员未全程携带运输许可证或者备案证明的，由公安机关责令停运整改，处5000元以上5万元以下的罚款；有危险物品运输资质的，运输主管部门可以依法吊销其运输资质。

个人携带易制毒化学品不符合品种、数量规定的，没收易制毒化学品，处1000元以上5000元以下的罚款。

第四十二条 生产、经营、购买、运输或者进口、出口易制毒化学品的单位或者个人拒不接受有关行政主管部门监督检查的，由负有监督管理职责的行政主管部门责令改正，对直接负责的主管人员以及其他直接责任人员给予警告；情节严重的，对单位处1万元以上5万元以下的罚款，对直接负责的主管人员以及其他直接责任人员处1000元以上5000元以下的罚款；有违反治安管理行为的，依法给予治安管理处罚；构成犯罪的，依法追究刑事责任。

第四十三条 易制毒化学品行政主管部门工作人员在管理工

作中有应当许可而不许可、不应当许可而滥许可，不依法受理备案，以及其他滥用职权、玩忽职守、徇私舞弊行为的，依法给予行政处分；构成犯罪的，依法追究刑事责任。

第八章 附 则

第四十四条 易制毒化学品生产、经营、购买、运输和进口、出口许可证，由国务院有关行政主管部门根据各自的职责规定式样并监制。

第四十五条 本条例自2005年11月1日起施行。

本条例施行前已经从事易制毒化学品生产、经营、购买、运输或者进口、出口业务的，应当自本条例施行之日起6个月内，依照本条例的规定重新申请许可。

附 录

危险化学品安全管理条例

中华人民共和国国务院令

第 645 号

《国务院关于修改部分行政法规的决定》已经 2013 年 12 月 4 日国务院第 32 次常务会议通过,现予公布,自公布之日起施行。

总理 李克强

2013 年 12 月 7 日

(2002 年 1 月 26 日国务院发布,自 2002 年 3 月 15 日起施行;根据 2011 年 3 月 2 日中华人民共和国国务院令第 591 号第一次修订;根据 2013 年 12 月 4 日国务院第 32 次常务会议通过的《国务院关于修改部分行政法规的决定》第二次修订)

第一章 总 则

第一条 为了加强危险化学品的安全管理,预防和减少危险化学品事故,保障人民群众生命财产安全,保护环境,制定本条例。

第二条 危险化学品生产、储存、使用、经营和运输的安全管理，适用本条例。

废弃危险化学品的处置，依照有关环境保护的法律、行政法规和国家有关规定执行。

第三条 本条例所称危险化学品，是指具有毒害、腐蚀、爆炸、燃烧、助燃等性质，对人体、设施、环境具有危害的剧毒化学品和其他化学品。

危险化学品目录，由国务院安全生产监督管理部门会同国务院工业和信息化、公安、环境保护、卫生、质量监督检验检疫、交通运输、铁路、民用航空、农业主管部门，根据化学品危险特性的鉴别和分类标准确定、公布，并适时调整。

第四条 危险化学品安全管理，应当坚持安全第一、预防为主、综合治理的方针，强化和落实企业的主体责任。

生产、储存、使用、经营、运输危险化学品的单位（以下统称危险化学品单位）的主要负责人对本单位的危险化学品安全管理工作全面负责。

危险化学品单位应当具备法律、行政法规规定和国家标准、行业标准要求的安全条件，建立、健全安全管理规章制度和岗位安全责任制度，对从业人员进行安全教育、法制教育和岗位技术培训。从业人员应当接受教育和培训，考核合格后上岗作业；对有资格要求的岗位，应当配备依法取得相应资格的人员。

第五条 任何单位和个人不得生产、经营、使用国家禁止生产、经营、使用的危险化学品。

国家对危险化学品的使用有限制性规定的，任何单位和个人不得违反限制性规定使用危险化学品。

第六条 对危险化学品的生产、储存、使用、经营、运输实施安全监督管理的有关部门（以下统称负有危险化学品安全监督管理职责的部门），依照下列规定履行职责：

（一）安监部门负责危险化学品安全监督管理综合工作，组织确定、公布、调整危险化学品目录，对新建、改建、扩建生产、储存危险化学品（包括使用长输管道输送危险化学品，下同）的建设项目进行安全条件审查，核发危险化学品安全生产许可证、危险化学品安全使用许可证和危险化学品经营许可证，并负责危险化学品登记工作。

（二）公安机关负责危险化学品的公共安全管理，核发剧毒化学品购买许可证、剧毒化学品道路运输通行证，并负责危险化学品运输车辆的道路交通安全管理。

（三）质检部门负责核发危险化学品及其包装物、容器（不包括储存危险化学品的固定式大型储罐，下同）生产企业的工业产品生产许可证，并依法对其产品质量实施监督，负责对进出口危险化学品及其包装实施检验。

（四）环保部门负责废弃危险化学品处置的监督管理，组织危险化学品的环境危害性鉴定和环境风险程度评估，确定实施重点环境管理的危险化学品，负责危险化学品环境管理登记和新化学物质环境管理登记；依照职责分工调查相关危险化学品环境污染事故和生态破坏事件，负责危险化学品事故现场的应急环境监测。

（五）交通部门负责危险化学品道路运输、水路运输的许可以及运输工具的安全管理，对危险化学品水路运输安全实施监督，负责危险化学品道路运输企业、水路运输企业驾驶人员、船员、装卸管理人员、押运人员、申报人员、集装箱装箱现场检查员的资格认定。铁路监管部门负责危险化学品铁路运输及其运输工具的安全管理。民航部门负责危险化学品航空运输以及航空运输企业及其运输工具的安全管理。

（六）卫生部门负责危险化学品毒性鉴定的管理，负责组织、协调危险化学品事故受伤人员的医疗卫生救援工作。

（七）工商行政部门依据有关部门的许可证件，核发危险化学品生产、储存、经营、运输企业营业执照，查处危险化学品经营企业违法采购危险化学品的行为。

（八）邮政部门负责依法查处寄递危险化学品的行为。

第七条 负有危险化学品安全监督管理职责的部门依法进行监督检查，可以采取下列措施：

（一）进入危险化学品作业场所实施现场检查，向有关单位和人员了解情况，查阅、复制有关文件、资料；

（二）发现危险化学品事故隐患，责令立即消除或者限期消除；

（三）对不符合法律、行政法规、规章规定或者国家标准、行业标准要求的设施、设备、装置、器材、运输工具，责令立即停止使用；

（四）经本部门主要负责人批准，查封违法生产、储存、使用、经营危险化学品的场所，扣押违法生产、储存、使用、经营、运输的危险化学品以及用于违法生产、使用、运输危险化学品的原材料、设备、运输工具；

（五）发现影响危险化学品安全的违法行为，当场予以纠正或者责令限期改正。

负有危险化学品安全监督管理职责的部门依法进行监督检查，监督检查人员不得少于2人，并应当出示执法证件；有关单位和个人对依法进行的监督检查应当予以配合，不得拒绝、阻碍。

第八条 县级以上人民政府应当建立危险化学品安全监督管理工作协调机制，支持、督促负有危险化学品安全监督管理职责的部门依法履行职责，协调、解决危险化学品安全监督管理工作中的重大问题。

负有危险化学品安全监督管理职责的部门应当相互配合、密切协作，依法加强对危险化学品的安全监督管理。

第九条 任何单位和个人对违反本条例规定的行为，有权向负有危险化学品安全监督管理职责的部门举报。负有危险化学品安全监督管理职责的部门接到举报，应当及时依法处理；对不属于本部门职责的，应当及时移送有关部门处理。

第十条 国家鼓励危险化学品生产企业和使用危险化学品从事生产的企业采用有利于提高安全保障水平的先进技术、工艺、设备以及自动控制系统，鼓励对危险化学品实行专门储存、统一配送、集中销售。

第二章 生产、储存安全

第十一条 国家对危险化学品的生产、储存实行统筹规划、合理布局。

国务院工信部门以及国务院其他有关部门依据各自职责，负责危险化学品生产、储存的行业规划和布局。

地方人民政府组织编制城乡规划，应当根据本地区的实际情况，按照确保安全的原则，规划适当区域专门用于危险化学品的生产、储存。

第十二条 新建、改建、扩建生产、储存危险化学品的建设项目（以下简称建设项目），应当由安监部门进行安全条件审查。

建设单位应当对建设项目进行安全条件论证，委托具备国家规定的资质条件的机构对建设项目进行安全评价，并将安全条件论证和安全评价的情况报告报建设项目所在地设区的市级以上人民政府安监部门；安监部门应当自收到报告之日起45日内作出审查决定，并书面通知建设单位。具体办法由国务院安监部门制定。

新建、改建、扩建储存、装卸危险化学品的港口建设项目，由港口部门按照国务院交通部门的规定进行安全条件审查。

第十三条 生产、储存危险化学品的单位，应当对其铺设的危险化学品管道设置明显标志，并对危险化学品管道定期检查、检测。

进行可能危及危险化学品管道安全的施工作业，施工单位应当在开工的7日前书面通知管道所属单位，并与管道所属单位共同制定应急预案，采取相应的安全防护措施。管道所属单位应当指派专门人员到现场进行管道安全保护指导。

第十四条 危险化学品生产企业进行生产前，应当依照《安全生产许可证条例》的规定，取得危险化学品安全生产许可证。

生产列入国家实行生产许可证制度的工业产品目录的危险化学品的企业，应当依照《工业产品生产许可证管理条例》的规定，取得工业产品生产许可证。

负责颁发危险化学品安全生产许可证、工业产品生产许可证的部门，应当将其颁发许可证的情况及时向同级工信部门、环保部门和公安机关通报。

第十五条 危险化学品生产企业应当提供与其生产的危险化学品相符的化学品安全技术说明书，并在危险化学品包装（包括外包装件）上粘贴或者拴挂与包装内危险化学品相符的化学品安全标签。化学品安全技术说明书和化学品安全标签所载明的内容应当符合国家标准的要求。

危险化学品生产企业发现其生产的危险化学品有新的危险特性的，应当立即公告，并及时修订其化学品安全技术说明书和化学品安全标签。

第十六条 生产实施重点环境管理的危险化学品的企业，应当按照国务院环保部门的规定，将该危险化学品向环境中释放等相关信息向环保部门报告。环保部门可以根据情况采取相应的环境风险控制措施。

第十七条 危险化学品的包装应当符合法律、行政法规、规章的规定以及国家标准、行业标准的要求。

危险化学品包装物、容器的材质以及危险化学品包装的型式、规格、方法和单件质量（重量），应当与所包装的危险化学品的性质和用途相适应。

第十八条 生产列入国家实行生产许可证制度的工业产品目录的危险化学品包装物、容器的企业，应当依照《工业产品生产许可证管理条例》的规定，取得工业产品生产许可证；其生产的危险化学品包装物、容器经国务院质检部门认定的检验机构检验合格，方可出厂销售。

运输危险化学品的船舶及其配载的容器，应当按照国家船舶检验规范进行生产，并经海事机构认定的船舶检验机构检验合格，方可投入使用。

对重复使用的危险化学品包装物、容器，使用单位在重复使用前应当进行检查；发现存在安全隐患的，应当维修或者更换。使用单位应当对检查情况作出记录，记录的保存期限不得少于2年。

第十九条 危险化学品生产装置或者储存数量构成重大危险源的危险化学品储存设施（运输工具加油站、加气站除外），与下列场所、设施、区域的距离应当符合国家有关规定：

（一）居住区以及商业中心、公园等人员密集场所；

（二）学校、医院、影剧院、体育场（馆）等公共设施；

（三）饮用水源、水厂以及水源保护区；

（四）车站、码头（依法经许可从事危险化学品装卸作业的除外）、机场以及通信干线、通信枢纽、铁路线路、道路交通干线、水路交通干线、地铁风亭以及地铁站出入口；

（五）基本农田保护区、基本草原、畜禽遗传资源保护区、畜禽规模化养殖场（养殖小区）、渔业水域以及种子、种畜禽、水产苗种生产基地；

（六）河流、湖泊、风景名胜区、自然保护区；

（七）军事禁区、军事管理区；

（八）法律、行政法规规定的其他场所、设施、区域。

已建的危险化学品生产装置或者储存数量构成重大危险源的危险化学品储存设施不符合前款规定的，由所在地设区的市级人民政府安监部门会同有关部门监督其所属单位在规定期限内进行整改；需要转产、停产、搬迁、关闭的，由本级人民政府决定并组织实施。

储存数量构成重大危险源的危险化学品储存设施的选址，应当避开地震活动断层和容易发生洪灾、地质灾害的区域。

本条例所称重大危险源，是指生产、储存、使用或者搬运危险化学品，且危险化学品的数量等于或者超过临界量的单元（包括场所和设施）。

第二十条 生产、储存危险化学品的单位，应当根据其生产、储存的危险化学品的种类和危险特性，在作业场所设置相应的监测、监控、通风、防晒、调温、防火、灭火、防爆、泄压、防毒、中和、防潮、防雷、防静电、防腐、防泄漏以及防护围堤或者隔离操作等安全设施、设备，并按照国家标准、行业标准或者国家有关规定对安全设施、设备进行经常性维护、保养，保证安全设施、设备的正常使用。

生产、储存危险化学品的单位，应当在其作业场所和安全设施、设备上设置明显的安全警示标志。

第二十一条 生产、储存危险化学品的单位，应当在其作业场所设置通信、报警装置，并保证处于适用状态。

第二十二条 生产、储存危险化学品的企业，应当委托具备国家规定的资质条件的机构，对本企业的安全生产条件每 3 年进行一次安全评价，提出安全评价报告。安全评价报告的内容应当包括对安全生产条件存在的问题进行整改的方案。

生产、储存危险化学品的企业，应当将安全评价报告以及整改方案的落实情况报所在地县级安监部门备案。在港区内储存危险化学品的企业，应当将安全评价报告以及整改方案的落实情况报港口部门备案。

第二十三条 生产、储存剧毒化学品或者国务院公安部门规定的可用于制造爆炸物品的危险化学品（以下简称易制爆危险化学品）的单位，应当如实记录其生产、储存的剧毒化学品、易制爆危险化学品的数量、流向，并采取必要的安全防范措施，防止剧毒化学品、易制爆危险化学品丢失或者被盗；发现剧毒化学品、易制爆危险化学品丢失或者被盗的，应当立即向当地公安机关报告。

生产、储存剧毒化学品、易制爆危险化学品的单位，应当设置治安保卫机构，配备专职治安保卫人员。

第二十四条 危险化学品应当储存在专用仓库、专用场地或者专用储存室（以下统称专用仓库）内，并由专人负责管理；剧毒化学品以及储存数量构成重大危险源的其他危险化学品，应当在专用仓库内单独存放，并实行双人收发、双人保管制度。

危险化学品的储存方式、方法以及储存数量应当符合国家标准或者国家有关规定。

第二十五条 储存危险化学品的单位应当建立危险化学品出入库核查、登记制度。

对剧毒化学品以及储存数量构成重大危险源的其他危险化学品，储存单位应当将其储存数量、储存地点以及管理人员的情况，报所在地县级安监部门（在港区内储存的，报港口部门）和公安机关备案。

第二十六条　危险化学品专用仓库应当符合国家标准、行业标准的要求，并设置明显的标志。储存剧毒化学品、易制爆危险化学品的专用仓库，应当按照国家有关规定设置相应的技术防范设施。

储存危险化学品的单位应当对其危险化学品专用仓库的安全设施、设备定期进行检测、检验。

第二十七条　生产、储存危险化学品的单位转产、停产、停业或者解散的，应当采取有效措施，及时、妥善处置其危险化学品生产装置、储存设施以及库存的危险化学品，不得丢弃危险化学品；处置方案应当报所在地县级安监部门、工信部门、环保部门和公安机关备案。安监部门应当会同环保部门和公安机关对处置情况进行监督检查，发现未依照规定处置的，应当责令其立即处置。

第三章　使用安全

第二十八条　使用危险化学品的单位，其使用条件（包括工艺）应当符合法律、行政法规的规定和国家标准、行业标准的要求，并根据所使用的危险化学品的种类、危险特性以及使用量和使用方式，建立、健全使用危险化学品的安全管理规章制度和安全操作规程，保证危险化学品的安全使用。

第二十九条　使用危险化学品从事生产并且使用量达到规定数量的化工企业（属于危险化学品生产企业的除外，下同），应当依照本条例的规定取得危险化学品安全使用许可证。

前款规定的危险化学品使用量的数量标准，由国务院安监部门会同国务院公安部门、农业部门确定并公布。

第三十条 申请危险化学品安全使用许可证的化工企业，除应当符合本条例第二十八条的规定外，还应当具备下列条件：

（一）有与所使用的危险化学品相适应的专业技术人员；

（二）有安全管理机构和专职安全管理人员；

（三）有符合国家规定的危险化学品事故应急预案和必要的应急救援器材、设备；

（四）依法进行了安全评价。

第三十一条 申请危险化学品安全使用许可证的化工企业，应当向所在地设区的市级人民政府安监部门提出申请，并提交其符合本条例第三十条规定条件的证明材料。设区的市级人民政府安监部门应当依法进行审查，自收到证明材料之日起45日内作出批准或者不予批准的决定。予以批准的，颁发危险化学品安全使用许可证；不予批准的，书面通知申请人并说明理由。

安监部门应当将其颁发危险化学品安全使用许可证的情况及时向同级环保部门和公安机关通报。

第三十二条 本条例第十六条关于生产实施重点环境管理的危险化学品的企业的规定，适用于使用实施重点环境管理的危险化学品从事生产的企业；第二十条、第二十一条、第二十三条第一款、第二十七条关于生产、储存危险化学品的单位的规定，适用于使用危险化学品的单位；第二十二条关于生产、储存危险化学品的企业的规定，适用于使用危险化学品从事生产的企业。

第四章 经营安全

第三十三条 国家对危险化学品经营（包括仓储经营，下同）实行许可制度。未经许可，任何单位和个人不得经营危险化学品。

依法设立的危险化学品生产企业在其厂区范围内销售本企业生产的危险化学品，不需要取得危险化学品经营许可。

依照《港口法》的规定取得港口经营许可证的港口经营人，在港区内从事危险化学品仓储经营，不需要取得危险化学品经营许可。

第三十四条 从事危险化学品经营的企业应当具备下列条件：

（一）有符合国家标准、行业标准的经营场所，储存危险化学品的，还应当有符合国家标准、行业标准的储存设施；

（二）从业人员经过专业技术培训并经考核合格；

（三）有健全的安全管理规章制度；

（四）有专职安全管理人员；

（五）有符合国家规定的危险化学品事故应急预案和必要的应急救援器材、设备；

（六）法律、法规规定的其他条件。

第三十五条 从事剧毒化学品、易制爆危险化学品经营的企业，应当向所在地设区的市级人民政府安监部门提出申请，从事其他危险化学品经营的企业，应当向所在地县级安监部门提出申请（有储存设施的，应当向所在地设区的市级人民政府安监部门提出申请）。申请人应当提交其符合本条例第三十四条规定条件的证明材料。设区的市级人民政府安监部门或者县级安监部门应当依法进行审查，并对申请人的经营场所、储存设施进行现场核查，自收到证明材料之日起 30 日内作出批准或者不予批准的决定。予以批准的，颁发危险化学品经营许可证；不予批准的，书面通知申请人并说明理由。

设区的市级人民政府安监部门和县级安监部门应当将其颁发危险化学品经营许可证的情况及时向同级环保部门和公安机关通报。

申请人持危险化学品经营许可证向工商行政部门办理登记手续后，方可从事危险化学品经营活动。法律、行政法规或者国务院规定经营危险化学品还需要经其他有关部门许可的，申请人向工商行政部门办理登记手续时还应当持相应的许可证件。

第三十六条 危险化学品经营企业储存危险化学品的，应当遵守本条例第二章关于储存危险化学品的规定。危险化学品商店内只能存放民用小包装的危险化学品。

第三十七条 危险化学品经营企业不得向未经许可从事危险化学品生产、经营活动的企业采购危险化学品，不得经营没有化学品安全技术说明书或者化学品安全标签的危险化学品。

第三十八条 依法取得危险化学品安全生产许可证、危险化学品安全使用许可证、危险化学品经营许可证的企业，凭相应的许可证件购买剧毒化学品、易制爆危险化学品。民用爆炸物品生产企业凭民用爆炸物品生产许可证购买易制爆危险化学品。

前款规定以外的单位购买剧毒化学品的，应当向所在地县级公安机关申请取得剧毒化学品购买许可证；购买易制爆危险化学品的，应当持本单位出具的合法用途说明。

个人不得购买剧毒化学品（属于剧毒化学品的农药除外）和易制爆危险化学品。

第三十九条 申请取得剧毒化学品购买许可证，申请人应当向所在地县级公安机关提交下列材料：

（一）营业执照或者法人证书（登记证书）的复印件；

（二）拟购买的剧毒化学品品种、数量的说明；

（三）购买剧毒化学品用途的说明；

（四）经办人的身份证明。

县级公安机关应当自收到前款规定的材料之日起3日内，作出批准或者不予批准的决定。予以批准的，颁发剧毒化学品购买许可证；不予批准的，书面通知申请人并说明理由。

剧毒化学品购买许可证管理办法由国务院公安部门制定。

第四十条 危险化学品生产企业、经营企业销售剧毒化学品、易制爆危险化学品，应当查验本条例第三十八条第一款、第二款规定的相关许可证件或者证明文件，不得向不具有相关许可证件或者证明文件的单位销售剧毒化学品、易制爆危险化学品。对持剧毒化学品购买许可证购买剧毒化学品的，应当按照许可证载明的品种、数量销售。

禁止向个人销售剧毒化学品（属于剧毒化学品的农药除外）和易制爆危险化学品。

第四十一条 危险化学品生产企业、经营企业销售剧毒化学品、易制爆危险化学品，应当如实记录购买单位的名称、地址、经办人的姓名、身份证号码以及所购买的剧毒化学品、易制爆危险化学品的品种、数量、用途。销售记录以及经办人的身份证明复印件、相关许可证件复印件或者证明文件的保存期限不得少于1年。

剧毒化学品、易制爆危险化学品的销售企业、购买单位应当在销售、购买后5日内，将所销售、购买的剧毒化学品、易制爆危险化学品的品种、数量以及流向信息报所在地县级公安机关备案，并输入计算机系统。

第四十二条 使用剧毒化学品、易制爆危险化学品的单位不得出借、转让其购买的剧毒化学品、易制爆危险化学品；因转产、停产、搬迁、关闭等确需转让的，应当向具有本条例第三十八条第一款、第二款规定的相关许可证件或者证明文件的单位转让，并在转让后将有关情况及时向所在地县级公安机关报告。

第五章 运输安全

第四十三条 从事危险化学品道路运输、水路运输的，应当分别依照有关道路运输、水路运输的法律、行政法规的规定，取得危险货物道路运输许可、危险货物水路运输许可，并向工商行政部门办理登记手续。

危险化学品道路运输企业、水路运输企业应当配备专职安全管理人员。

第四十四条 危险化学品道路运输企业、水路运输企业的驾驶人员、船员、装卸管理人员、押运人员、申报人员、集装箱装箱现场检查员应当经交通部门考核合格，取得从业资格。具体办法由国务院交通部门制定。

危险化学品的装卸作业应当遵守安全作业标准、规程和制度，并在装卸管理人员的现场指挥或者监控下进行。水路运输危险化学品的集装箱装箱作业应当在集装箱装箱现场检查员的指挥或者监控下进行，并符合积载、隔离的规范和要求；装箱作业完毕后，集装箱装箱现场检查员应当签署装箱证明书。

第四十五条 运输危险化学品，应当根据危险化学品的危险特性采取相应的安全防护措施，并配备必要的防护用品和应急救援器材。

用于运输危险化学品的槽罐以及其他容器应当封口严密，能够防止危险化学品在运输过程中因温度、湿度或者压力的变化发生渗漏、洒漏；槽罐以及其他容器的溢流和泄压装置应当设置准确、起闭灵活。

运输危险化学品的驾驶人员、船员、装卸管理人员、押运人员、申报人员、集装箱装箱现场检查员，应当了解所运输的危险化学品的危险特性及其包装物、容器的使用要求和出现危险情况时的应急处置方法。

第四十六条 通过道路运输危险化学品的，托运人应当委托依法取得危险货物道路运输许可的企业承运。

第四十七条 通过道路运输危险化学品的，应当按照运输车辆的核定载质量装载危险化学品，不得超载。

危险化学品运输车辆应当符合国家标准要求的安全技术条件，并按照国家有关规定定期进行安全技术检验。

危险化学品运输车辆应当悬挂或者喷涂符合国家标准要求的警示标志。

第四十八条 通过道路运输危险化学品的，应当配备押运人员，并保证所运输的危险化学品处于押运人员的监控之下。

运输危险化学品途中因住宿或者发生影响正常运输的情况，需要较长时间停车的，驾驶人员、押运人员应当采取相应的安全防范措施；运输剧毒化学品或者易制爆危险化学品的，还应当向当地公安机关报告。

第四十九条 未经公安机关批准，运输危险化学品的车辆不得进入危险化学品运输车辆限制通行的区域。危险化学品运输车辆限制通行的区域由县级公安机关划定，并设置明显的标志。

第五十条 通过道路运输剧毒化学品的，托运人应当向运输始发地或者目的地县级公安机关申请剧毒化学品道路运输通行证。

申请剧毒化学品道路运输通行证，托运人应当向县级公安机关提交下列材料：

（一）拟运输的剧毒化学品品种、数量的说明；

（二）运输始发地、目的地、运输时间和运输路线的说明；

（三）承运人取得危险货物道路运输许可、运输车辆取得营运证以及驾驶人员、押运人员取得上岗资格的证明文件；

（四）本条例第三十八条第一款、第二款规定的购买剧毒化学品的相关许可证件，或者海关出具的进出口证明文件。

县级公安机关应当自收到前款规定的材料之日起7日内，作出批准或者不予批准的决定。予以批准的，颁发剧毒化学品道路运输通行证；不予批准的，书面通知申请人并说明理由。

剧毒化学品道路运输通行证管理办法由国务院公安部门制定。

第五十一条 剧毒化学品、易制爆危险化学品在道路运输途中丢失、被盗、被抢或者出现流散、泄漏等情况的,驾驶人员、押运人员应当立即采取相应的警示措施和安全措施,并向当地公安机关报告。公安机关接到报告后,应当根据实际情况立即向安监部门、环保部门、卫生部门通报。有关部门应当采取必要的应急处置措施。

第五十二条 通过水路运输危险化学品的,应当遵守法律、行政法规以及国务院交通部门关于危险货物水路运输安全的规定。

第五十三条 海事机构应当根据危险化学品的种类和危险特性,确定船舶运输危险化学品的相关安全运输条件。

拟交付船舶运输的化学品的相关安全运输条件不明确的,货物所有人或者代理人应当委托相关技术机构进行评估,明确相关安全运输条件并经海事机构确认后,方可交付船舶运输。

第五十四条 禁止通过内河封闭水域运输剧毒化学品以及国家规定禁止通过内河运输的其他危险化学品。

前款规定以外的内河水域,禁止运输国家规定禁止通过内河运输的剧毒化学品以及其他危险化学品。

禁止通过内河运输的剧毒化学品以及其他危险化学品的范围,由国务院交通部门会同国务院环保部门、工信部门、安监部门,根据危险化学品的危险特性、危险化学品对人体和水环境的危害程度以及消除危害后果的难易程度等因素规定并公布。

第五十五条 国务院交通部门应当根据危险化学品的危险特性,对通过内河运输本条例第五十四条规定以外的危险化学品(以下简称通过内河运输危险化学品)实行分类管理,对各类危险化学品的运输方式、包装规范和安全防护措施等分别作出规定并监督实施。

第五十六条　通过内河运输危险化学品，应当由依法取得危险货物水路运输许可的水路运输企业承运，其他单位和个人不得承运。托运人应当委托依法取得危险货物水路运输许可的水路运输企业承运，不得委托其他单位和个人承运。

第五十七条　通过内河运输危险化学品，应当使用依法取得危险货物适装证书的运输船舶。水路运输企业应当针对所运输的危险化学品的危险特性，制定运输船舶危险化学品事故应急救援预案，并为运输船舶配备充足、有效的应急救援器材和设备。

通过内河运输危险化学品的船舶，其所有人或者经营人应当取得船舶污染损害责任保险证书或者财务担保证明。船舶污染损害责任保险证书或者财务担保证明的副本应当随船携带。

第五十八条　通过内河运输危险化学品，危险化学品包装物的材质、型式、强度以及包装方法应当符合水路运输危险化学品包装规范的要求。国务院交通部门对单船运输的危险化学品数量有限制性规定的，承运人应当按照规定安排运输数量。

第五十九条　用于危险化学品运输作业的内河码头、泊位应当符合国家有关安全规范，与饮用水取水口保持国家规定的距离。有关管理单位应当制定码头、泊位危险化学品事故应急预案，并为码头、泊位配备充足、有效的应急救援器材和设备。

用于危险化学品运输作业的内河码头、泊位，经交通部门按照国家有关规定验收合格后方可投入使用。

第六十条　船舶载运危险化学品进出内河港口，应当将危险化学品的名称、危险特性、包装以及进出港时间等事项，事先报告海事机构。海事机构接到报告后，应当在国务院交通部门规定的时间内作出是否同意的决定，通知报告人，同时通报港口部门。定船舶、定航线、定货种的船舶可以定期报告。

在内河港口内进行危险化学品的装卸、过驳作业，应当将危险化学品的名称、危险特性、包装和作业的时间、地点等事项报告港口部门。港口部门接到报告后，应当在国务院交通部门规定的时间内作出是否同意的决定，通知报告人，同时通报海事机构。

载运危险化学品的船舶在内河航行，通过过船建筑物的，应当提前向交通部门申报，并接受交通部门的管理。

第六十一条 载运危险化学品的船舶在内河航行、装卸或者停泊，应当悬挂专用的警示标志，按照规定显示专用信号。

载运危险化学品的船舶在内河航行，按照国务院交通部门的规定需要引航的，应当申请引航。

第六十二条 载运危险化学品的船舶在内河航行，应当遵守法律、行政法规和国家其他有关饮用水水源保护的规定。内河航道发展规划应当与依法经批准的饮用水水源保护区划定方案相协调。

第六十三条 托运危险化学品的，托运人应当向承运人说明所托运的危险化学品的种类、数量、危险特性以及发生危险情况的应急处置措施，并按照国家有关规定对所托运的危险化学品妥善包装，在外包装上设置相应的标志。

运输危险化学品需要添加抑制剂或者稳定剂的，托运人应当添加，并将有关情况告知承运人。

第六十四条 托运人不得在托运的普通货物中夹带危险化学品，不得将危险化学品匿报或者谎报为普通货物托运。

任何单位和个人不得交寄危险化学品或者在邮件、快件内夹带危险化学品，不得将危险化学品匿报或者谎报为普通物品交寄。邮政企业、快递企业不得收寄危险化学品。

对涉嫌违反本条第一款、第二款规定的，交通部门、邮政部门可以依法开拆查验。

第六十五条 通过铁路、航空运输危险化学品的安全管理，依照有关铁路、航空运输的法律、行政法规、规章的规定执行。

第六章　危险化学品登记与事故应急救援

第六十六条　国家实行危险化学品登记制度，为危险化学品安全管理以及危险化学品事故预防和应急救援提供技术、信息支持。

第六十七条　危险化学品生产企业、进口企业，应当向国务院安监部门负责危险化学品登记的机构（以下简称危险化学品登记机构）办理危险化学品登记。

危险化学品登记包括下列内容：

（一）分类和标签信息；

（二）物理、化学性质；

（三）主要用途；

（四）危险特性；

（五）储存、使用、运输的安全要求；

（六）出现危险情况的应急处置措施。

对同一企业生产、进口的同一品种的危险化学品，不进行重复登记。危险化学品生产企业、进口企业发现其生产、进口的危险化学品有新的危险特性的，应当及时向危险化学品登记机构办理登记内容变更手续。

危险化学品登记的具体办法由国务院安监部门制定。

第六十八条　危险化学品登记机构应当定期向工信、环保、公安、卫生、交通、铁路、质检等部门提供危险化学品登记的有关信息和资料。

第六十九条　县级以上地方人民政府安监部门应当会同工信、环保、公安、卫生、交通、铁路、质检等部门，根据本地区实际情况，制定危险化学品事故应急预案，报本级人民政府批准。

第七十条　危险化学品单位应当制定本单位危险化学品事故

应急预案，配备应急救援人员和必要的应急救援器材、设备，并定期组织应急救援演练。

危险化学品单位应当将其危险化学品事故应急预案报所在地设区的市级人民政府安监部门备案。

第七十一条 发生危险化学品事故，事故单位主要负责人应当立即按照本单位危险化学品应急预案组织救援，并向当地安监部门和环保、公安、卫生部门报告；道路运输、水路运输过程中发生危险化学品事故的，驾驶人员、船员或者押运人员还应当向事故发生地交通部门报告。

第七十二条 发生危险化学品事故，有关地方人民政府应当立即组织安全生产监督管理、环保、公安、卫生、交通等有关部门，按照本地区危险化学品事故应急预案组织实施救援，不得拖延、推诿。

有关地方人民政府及其有关部门应当按照下列规定，采取必要的应急处置措施，减少事故损失，防止事故蔓延、扩大：

（一）立即组织营救和救治受害人员，疏散、撤离或者采取其他措施保护危害区域内的其他人员；

（二）迅速控制危害源，测定危险化学品的性质、事故的危害区域及危害程度；

（三）针对事故对人体、动植物、土壤、水源、大气造成的现实危害和可能产生的危害，迅速采取封闭、隔离、洗消等措施；

（四）对危险化学品事故造成的环境污染和生态破坏状况进行监测、评估，并采取相应的环境污染治理和生态修复措施。

第七十三条 有关危险化学品单位应当为危险化学品事故应急救援提供技术指导和必要的协助。

第七十四条 危险化学品事故造成环境污染的，由设区的市级以上人民政府环保部门统一发布有关信息。

第七章 法律责任

第七十五条 生产、经营、使用国家禁止生产、经营、使用的危险化学品的,由安监部门责令停止生产、经营、使用活动,处20万元以上50万元以下的罚款,有违法所得的,没收违法所得;构成犯罪的,依法追究刑事责任。

有前款规定行为的,安监部门还应当责令其对所生产、经营、使用的危险化学品进行无害化处理。

违反国家关于危险化学品使用的限制性规定使用危险化学品的,依照本条第一款的规定处理。

第七十六条 未经安全条件审查,新建、改建、扩建生产、储存危险化学品的建设项目的,由安监部门责令停止建设,限期改正;逾期不改正的,处50万元以上100万元以下的罚款;构成犯罪的,依法追究刑事责任。

未经安全条件审查,新建、改建、扩建储存、装卸危险化学品的港口建设项目的,由港口部门依照前款规定予以处罚。

第七十七条 未依法取得危险化学品安全生产许可证从事危险化学品生产,或者未依法取得工业产品生产许可证从事危险化学品及其包装物、容器生产的,分别依照《安全生产许可证条例》、《工业产品生产许可证管理条例》的规定处罚。

违反本条例规定,化工企业未取得危险化学品安全使用许可证,使用危险化学品从事生产的,由安监部门责令限期改正,处10万元以上20万元以下的罚款;逾期不改正的,责令停产整顿。

违反本条例规定,未取得危险化学品经营许可证从事危险化学品经营的,由安监部门责令停止经营活动,没收违法经营的危险化学品以及违法所得,并处10万元以上20万元以下的罚款;构成犯罪的,依法追究刑事责任。

第七十八条 有下列情形之一的，由安监部门责令改正，可以处 5 万元以下的罚款；拒不改正的，处 5 万元以上 10 万元以下的罚款；情节严重的，责令停产停业整顿：

（一）生产、储存危险化学品的单位未对其铺设的危险化学品管道设置明显的标志，或者未对危险化学品管道定期检查、检测的；

（二）进行可能危及危险化学品管道安全的施工作业，施工单位未按照规定书面通知管道所属单位，或者未与管道所属单位共同制定应急预案、采取相应的安全防护措施，或者管道所属单位未指派专门人员到现场进行管道安全保护指导的；

（三）危险化学品生产企业未提供化学品安全技术说明书，或者未在包装（包括外包装件）上粘贴、拴挂化学品安全标签的；

（四）危险化学品生产企业提供的化学品安全技术说明书与其生产的危险化学品不相符，或者在包装（包括外包装件）粘贴、拴挂的化学品安全标签与包装内危险化学品不相符，或者化学品安全技术说明书、化学品安全标签所载明的内容不符合国家标准要求的；

（五）危险化学品生产企业发现其生产的危险化学品有新的危险特性不立即公告，或者不及时修订其化学品安全技术说明书和化学品安全标签的；

（六）危险化学品经营企业经营没有化学品安全技术说明书和化学品安全标签的危险化学品的；

（七）危险化学品包装物、容器的材质以及包装的型式、规格、方法和单件质量（重量）与所包装的危险化学品的性质和用途不相适应的；

（八）生产、储存危险化学品的单位未在作业场所和安全设施、设备上设置明显的安全警示标志，或者未在作业场所设置通

信、报警装置的;

（九）危险化学品专用仓库未设专人负责管理，或者对储存的剧毒化学品以及储存数量构成重大危险源的其他危险化学品未实行双人收发、双人保管制度的;

（十）储存危险化学品的单位未建立危险化学品出入库核查、登记制度的;

（十一）危险化学品专用仓库未设置明显标志的;

（十二）危险化学品生产企业、进口企业不办理危险化学品登记，或者发现其生产、进口的危险化学品有新的危险特性不办理危险化学品登记内容变更手续的。

从事危险化学品仓储经营的港口经营人有前款规定情形的，由港口部门依照前款规定予以处罚。储存剧毒化学品、易制爆危险化学品的专用仓库未按照国家有关规定设置相应的技术防范设施的，由公安机关依照前款规定予以处罚。

生产、储存剧毒化学品、易制爆危险化学品的单位未设置治安保卫机构、配备专职治安保卫人员的，依照《企业事业单位内部治安保卫条例》的规定处罚。

第七十九条　危险化学品包装物、容器生产企业销售未经检验或者经检验不合格的危险化学品包装物、容器的，由质检部门责令改正，处10万元以上20万元以下的罚款，有违法所得的，没收违法所得;拒不改正的，责令停产停业整顿;构成犯罪的，依法追究刑事责任。

将未经检验合格的运输危险化学品的船舶及其配载的容器投入使用的，由海事机构依照前款规定予以处罚。

第八十条　生产、储存、使用危险化学品的单位有下列情形之一的，由安监部门责令改正，处5万元以上10万元以下的罚款;拒不改正的，责令停产停业整顿直至由原发证机关吊销其相关许可证件，并由工商行政部门责令其办理经营范围变更登记或者吊销其营业执照；有关责任人员构成犯罪的，依法追究刑事责任：

（一）对重复使用的危险化学品包装物、容器，在重复使用前不进行检查的；

（二）未根据其生产、储存的危险化学品的种类和危险特性，在作业场所设置相关安全设施、设备，或者未按照国家标准、行业标准或者国家有关规定对安全设施、设备进行经常性维护、保养的；

（三）未依照本条例规定对其安全生产条件定期进行安全评价的；

（四）未将危险化学品储存在专用仓库内，或者未将剧毒化学品以及储存数量构成重大危险源的其他危险化学品在专用仓库内单独存放的；

（五）危险化学品的储存方式、方法或者储存数量不符合国家标准或者国家有关规定的；

（六）危险化学品专用仓库不符合国家标准、行业标准的要求的；

（七）未对危险化学品专用仓库的安全设施、设备定期进行检测、检验的。

从事危险化学品仓储经营的港口经营人有前款规定情形的，由港口部门依照前款规定予以处罚。

第八十一条 有下列情形之一的，由公安机关责令改正，可以处 1 万元以下的罚款；拒不改正的，处 1 万元以上 5 万元以下的罚款：

（一）生产、储存、使用剧毒化学品、易制爆危险化学品的单位不如实记录生产、储存、使用的剧毒化学品、易制爆危险化学品的数量、流向的；

（二）生产、储存、使用剧毒化学品、易制爆危险化学品的单位发现剧毒化学品、易制爆危险化学品丢失或者被盗，不立即向公安机关报告的；

（三）储存剧毒化学品的单位未将剧毒化学品的储存数量、储存地点以及管理人员的情况报所在地县级公安机关备案的；

（四）危险化学品生产企业、经营企业不如实记录剧毒化学品、易制爆危险化学品购买单位的名称、地址、经办人的姓名、身份证号码以及所购买的剧毒化学品、易制爆危险化学品的品种、数量、用途，或者保存销售记录和相关材料的时间少于1年的；

（五）剧毒化学品、易制爆危险化学品的销售企业、购买单位未在规定的时限内将所销售、购买的剧毒化学品、易制爆危险化学品的品种、数量以及流向信息报所在地县级公安机关备案的；

（六）使用剧毒化学品、易制爆危险化学品的单位依照本条例规定转让其购买的剧毒化学品、易制爆危险化学品，未将有关情况向所在地县级公安机关报告的。

生产、储存危险化学品的企业或者使用危险化学品从事生产的企业未按照本条例规定将安全评价报告以及整改方案的落实情况报安监部门或者港口部门备案，或者储存危险化学品的单位未将其剧毒化学品以及储存数量构成重大危险源的其他危险化学品的储存数量、储存地点以及管理人员的情况报安监部门或者港口部门备案的，分别由安监部门或者港口部门依照前款规定予以处罚。

生产实施重点环境管理的危险化学品的企业或者使用实施重点环境管理的危险化学品从事生产的企业未按照规定将相关信息向环保部门报告的，由环保部门依照本条第一款的规定予以处罚。

第八十二条 生产、储存、使用危险化学品的单位转产、停产、停业或者解散,未采取有效措施及时、妥善处置其危险化学品生产装置、储存设施以及库存的危险化学品,或者丢弃危险化学品的,由安监部门责令改正,处5万元以上10万元以下的罚款;构成犯罪的,依法追究刑事责任。

生产、储存、使用危险化学品的单位转产、停产、停业或者解散,未依照本条例规定将其危险化学品生产装置、储存设施以及库存危险化学品的处置方案报有关部门备案的,分别由有关部门责令改正,可以处1万元以下的罚款;拒不改正的,处1万元以上5万元以下的罚款。

第八十三条 危险化学品经营企业向未经许可违法从事危险化学品生产、经营活动的企业采购危险化学品的,由工商行政部门责令改正,处10万元以上20万元以下的罚款;拒不改正的,责令停业整顿直至由原发证机关吊销其危险化学品经营许可证,并由工商行政部门责令其办理经营范围变更登记或者吊销其营业执照。

第八十四条 危险化学品生产企业、经营企业有下列情形之一的,由安监部门责令改正,没收违法所得,并处10万元以上20万元以下的罚款;拒不改正的,责令停产停业整顿直至吊销其危险化学品安全生产许可证、危险化学品经营许可证,并由工商行政部门责令其办理经营范围变更登记或者吊销其营业执照:

(一)向不具有本条例第三十八条第一款、第二款规定的相关许可证件或者证明文件的单位销售剧毒化学品、易制爆危险化学品的;

(二)不按照剧毒化学品购买许可证载明的品种、数量销售剧毒化学品的;

(三)向个人销售剧毒化学品(属于剧毒化学品的农药除外)、易制爆危险化学品的。

不具有本条例第三十八条第一款、第二款规定的相关许可证件或者证明文件的单位购买剧毒化学品、易制爆危险化学品，或者个人购买剧毒化学品（属于剧毒化学品的农药除外）、易制爆危险化学品的，由公安机关没收所购买的剧毒化学品、易制爆危险化学品，可以并处5000元以下的罚款。

使用剧毒化学品、易制爆危险化学品的单位出借或者向不具有本条例第三十八条第一款、第二款规定的相关许可证件的单位转让其购买的剧毒化学品、易制爆危险化学品，或者向个人转让其购买的剧毒化学品（属于剧毒化学品的农药除外）、易制爆危险化学品的，由公安机关责令改正，处10万元以上20万元以下的罚款；拒不改正的，责令停产停业整顿。

第八十五条　未依法取得危险货物道路运输许可、危险货物水路运输许可，从事危险化学品道路运输、水路运输的，分别依照有关道路运输、水路运输的法律、行政法规的规定处罚。

第八十六条　有下列情形之一的，由交通部门责令改正，处5万元以上10万元以下的罚款；拒不改正的，责令停产停业整顿；构成犯罪的，依法追究刑事责任：

（一）危险化学品道路运输企业、水路运输企业的驾驶人员、船员、装卸管理人员、押运人员、申报人员、集装箱装箱现场检查员未取得从业资格上岗作业的；

（二）运输危险化学品，未根据危险化学品的危险特性采取相应的安全防护措施，或者未配备必要的防护用品和应急救援器材的；

（三）使用未依法取得危险货物适装证书的船舶，通过内河运输危险化学品的；

（四）通过内河运输危险化学品的承运人违反国务院交通部门对单船运输的危险化学品数量的限制性规定运输危险化学品的；

（五）用于危险化学品运输作业的内河码头、泊位不符合国家有关安全规范，或者未与饮用水取水口保持国家规定的安全距离，或者未经交通部门验收合格投入使用的；

（六）托运人不向承运人说明所托运的危险化学品的种类、数量、危险特性以及发生危险情况的应急处置措施，或者未按照国家有关规定对所托运的危险化学品妥善包装并在外包装上设置相应标志的；

（七）运输危险化学品需要添加抑制剂或者稳定剂，托运人未添加或者未将有关情况告知承运人的。

第八十七条 有下列情形之一的，由交通部门责令改正，处10万元以上20万元以下的罚款，有违法所得的，没收违法所得；拒不改正的，责令停产停业整顿；构成犯罪的，依法追究刑事责任：

（一）委托未依法取得危险货物道路运输许可、危险货物水路运输许可的企业承运危险化学品的；

（二）通过内河封闭水域运输剧毒化学品以及国家规定禁止通过内河运输的其他危险化学品的；

（三）通过内河运输国家规定禁止通过内河运输的剧毒化学品以及其他危险化学品的；

（四）在托运的普通货物中夹带危险化学品，或者将危险化学品谎报或者匿报为普通货物托运的。

在邮件、快件内夹带危险化学品，或者将危险化学品谎报为普通物品交寄的，依法给予治安管理处罚；构成犯罪的，依法追究刑事责任。

邮政企业、快递企业收寄危险化学品的，依照《邮政法》的规定处罚。

第八十八条 有下列情形之一的，由公安机关责令改正，处

5万元以上10万元以下的罚款；构成违反治安管理行为的，依法给予治安管理处罚；构成犯罪的，依法追究刑事责任：

（一）超过运输车辆的核定载质量装载危险化学品的；

（二）使用安全技术条件不符合国家标准要求的车辆运输危险化学品的；

（三）运输危险化学品的车辆未经公安机关批准进入危险化学品运输车辆限制通行的区域的；

（四）未取得剧毒化学品道路运输通行证，通过道路运输剧毒化学品的。

第八十九条 有下列情形之一的，由公安机关责令改正，处1万元以上5万元以下的罚款；构成违反治安管理行为的，依法给予治安管理处罚：

（一）危险化学品运输车辆未悬挂或者喷涂警示标志，或者悬挂或者喷涂的警示标志不符合国家标准要求的；

（二）通过道路运输危险化学品，不配备押运人员的；

（三）运输剧毒化学品或者易制爆危险化学品途中需要较长时间停车，驾驶人员、押运人员不向当地公安机关报告的；

（四）剧毒化学品、易制爆危险化学品在道路运输途中丢失、被盗、被抢或者发生流散、泄露等情况，驾驶人员、押运人员不采取必要的警示措施和安全措施，或者不向当地公安机关报告的。

第九十条 对发生交通事故负有全部责任或者主要责任的危险化学品道路运输企业，由公安机关责令消除安全隐患，未消除安全隐患的危险化学品运输车辆，禁止上道路行驶。

第九十一条 有下列情形之一的，由交通部门责令改正，可以处1万元以下的罚款；拒不改正的，处1万元以上5万元以下的罚款：

（一）危险化学品道路运输企业、水路运输企业未配备专职安

全管理人员的;

（二）用于危险化学品运输作业的内河码头、泊位的管理单位未制定码头、泊位危险化学品事故应急救援预案，或者未为码头、泊位配备充足、有效的应急救援器材和设备的。

第九十二条　有下列情形之一的，依照《内河交通安全管理条例》的规定处罚：

（一）通过内河运输危险化学品的水路运输企业未制定运输船舶危险化学品事故应急救援预案，或者未为运输船舶配备充足、有效的应急救援器材和设备的；

（二）通过内河运输危险化学品的船舶的所有人或者经营人未取得船舶污染损害责任保险证书或者财务担保证明的；

（三）船舶载运危险化学品进出内河港口，未将有关事项事先报告海事机构并经其同意的；

（四）载运危险化学品的船舶在内河航行、装卸或者停泊，未悬挂专用的警示标志，或者未按照规定显示专用信号，或者未按照规定申请引航的。

未向港口部门报告并经其同意，在港口内进行危险化学品的装卸、过驳作业的，依照《港口法》的规定处罚。

第九十三条　伪造、变造或者出租、出借、转让危险化学品安全生产许可证、工业产品生产许可证，或者使用伪造、变造的危险化学品安全生产许可证、工业产品生产许可证的，分别依照《安全生产许可证条例》、《工业产品生产许可证管理条例》的规定处罚。

伪造、变造或者出租、出借、转让本条例规定的其他许可证，或者使用伪造、变造的本条例规定的其他许可证的，分别由相关许可证的颁发管理机关处10万元以上20万元以下的罚款，有违法所得的，没收违法所得；构成违反治安管理行为的，依法给予治安管理处罚；构成犯罪的，依法追究刑事责任。

第九十四条 危险化学品单位发生危险化学品事故，其主要负责人不立即组织救援或者不立即向有关部门报告的，依照《生产安全事故报告和调查处理条例》的规定处罚。

危险化学品单位发生危险化学品事故，造成他人人身伤害或者财产损失的，依法承担赔偿责任。

第九十五条 发生危险化学品事故，有关地方人民政府及其有关部门不立即组织实施救援，或者不采取必要的应急处置措施减少事故损失，防止事故蔓延、扩大的，对直接负责的主管人员和其他直接责任人员依法给予处分；构成犯罪的，依法追究刑事责任。

第九十六条 负有危险化学品安全监督管理职责的部门的工作人员，在危险化学品安全监督管理工作中滥用职权、玩忽职守、徇私舞弊，构成犯罪的，依法追究刑事责任；尚不构成犯罪的，依法给予处分。

第八章 附 则

第九十七条 监控化学品、属于危险化学品的药品和农药的安全管理，依照本条例的规定执行；法律、行政法规另有规定的，依照其规定。

民用爆炸物品、烟花爆竹、放射性物品、核能物质以及用于国防科研生产的危险化学品的安全管理，不适用本条例。

法律、行政法规对燃气的安全管理另有规定的，依照其规定。

危险化学品容器属于特种设备的，其安全管理依照有关特种设备安全的法律、行政法规的规定执行。

第九十八条 危险化学品的进出口管理，依照有关对外贸易的法律、行政法规、规章的规定执行；进口的危险化学品的储存、使用、经营、运输的安全管理，依照本条例的规定执行。

危险化学品环境管理登记和新化学物质环境管理登记，依照有关环保的法律、行政法规、规章的规定执行。危险化学品环境管理登记，按照国家有关规定收取费用。

第九十九条 公众发现、捡拾的无主危险化学品，由公安机关接收。公安机关接收或者有关部门依法没收的危险化学品，需要进行无害化处理的，交由环保部门组织其认定的专业单位进行处理，或者交由有关危险化学品生产企业进行处理。处理所需费用由国家财政负担。

第一百条 化学品的危险特性尚未确定的，由国务院安监部门、国务院环保部门、国务院卫生部门分别负责组织对该化学品的物理危险性、环境危害性、毒理特性进行鉴定。根据鉴定结果，需要调整危险化学品目录的，依照本条例第三条第二款的规定办理。

第一百零一条 本条例施行前已经使用危险化学品从事生产的化工企业，依照本条例规定需要取得危险化学品安全使用许可证的，应当在国务院安监部门规定的期限内，申请取得危险化学品安全使用许可证。

第一百零二条 本条例自2011年12月1日起施行。

药品类易制毒化学品管理办法

中华人民共和国卫生部令

第 72 号

《药品类易制毒化学品管理办法》已于 2010 年 2 月 23 日经卫生部部务会议审议通过，现予以发布，自 2010 年 5 月 1 日起施行。

卫生部部长
二〇一〇年三月十八日

第一章　总　则

第一条　为加强药品类易制毒化学品管理，防止流入非法渠道，根据《易制毒化学品管理条例》（以下简称《条例》），制定本办法。

第二条　药品类易制毒化学品是指《条例》中所确定的麦角酸、麻黄素等物质，品种目录见本办法附件1。

国务院批准调整易制毒化学品分类和品种，涉及药品类易制毒化学品的，国家食品药品监督管理局应当及时调整并予公布。

第三条　药品类易制毒化学品的生产、经营、购买以及监督管理，适用本办法。

第四条　国家食品药品监督管理局主管全国药品类易制毒化学品生产、经营、购买等方面的监督管理工作。

县级以上地方食品药品监督管理部门负责本行政区域内的药品类易制毒化学品生产、经营、购买等方面的监督管理工作。

第二章 生产、经营许可

第五条 生产、经营药品类易制毒化学品，应当依照《条例》和本办法的规定取得药品类易制毒化学品生产、经营许可。

生产药品类易制毒化学品中属于药品的品种，还应当依照《药品管理法》和相关规定取得药品批准文号。

第六条 药品生产企业申请生产药品类易制毒化学品，应当符合《条例》第七条规定的条件，向所在地省、自治区、直辖市食品药品监督管理部门提出申请，报送以下资料：

（一）药品类易制毒化学品生产申请表（见附件2）；

（二）《药品生产许可证》、《药品生产质量管理规范》认证证书和企业营业执照复印件；

（三）企业药品类易制毒化学品管理的组织机构图（注明各部门职责及相互关系、部门负责人）；

（四）反映企业现有状况的周边环境图、总平面布置图、仓储平面布置图、质量检验场所平面布置图、药品类易制毒化学品生产场所平面布置图（注明药品类易制毒化学品相应安全管理设施）；

（五）药品类易制毒化学品安全管理制度文件目录；

（六）重点区域设置电视监控设施的说明以及与公安机关联网报警的证明；

（七）企业法定代表人、企业负责人和技术、管理人员具有药品类易制毒化学品有关知识的说明材料；

（八）企业法定代表人及相关工作人员无毒品犯罪记录的证明；

（九）申请生产仅能作为药品中间体使用的药品类易制毒化学品的，还应当提供合法用途说明等其他相应资料。

第七条 省、自治区、直辖市食品药品监督管理部门应当在收到申请之日起5日内，对申报资料进行形式审查，决定是否受理。受理的，在30日内完成现场检查，将检查结果连同企业申报资料报送国家食品药品监督管理局。国家食品药品监督管理局应当在30日内完成实质性审查，对符合规定的，发给《药品类易制毒化学品生产许可批件》（以下简称《生产许可批件》，见附件3），注明许可生产的药品类易制毒化学品名称；不予许可的，应当书面说明理由。

第八条 药品生产企业收到《生产许可批件》后，应当向所在地省、自治区、直辖市食品药品监督管理部门提出变更《药品生产许可证》生产范围的申请。省、自治区、直辖市食品药品监督管理部门应当根据《生产许可批件》，在《药品生产许可证》正本的生产范围中标注"药品类易制毒化学品"；在副本的生产范围中标注"药品类易制毒化学品"后，括弧内标注药品类易制毒化学品名称。

第九条 药品类易制毒化学品生产企业申请换发《药品生产许可证》的，省、自治区、直辖市食品药品监督管理部门除按照《药品生产监督管理办法》审查外，还应当对企业的药品类易制毒化学品生产条件和安全管理情况进行审查。对符合规定的，在换发的《药品生产许可证》中继续标注药品类易制毒化学品生产范围和品种名称；对不符合规定的，报国家食品药品监督管理局。

国家食品药品监督管理局收到省、自治区、直辖市食品药品监督管理部门报告后，对不符合规定的企业注销其《生产许可批件》，并通知企业所在地省、自治区、直辖市食品药品监督管理部门注销该企业《药品生产许可证》中的药品类易制毒化学品生产范围。

第十条 药品类易制毒化学品生产企业不再生产药品类易制毒化学品的，应当在停止生产经营后3个月内办理注销相关许可手续。

药品类易制毒化学品生产企业连续 1 年未生产的，应当书面报告所在地省、自治区、直辖市食品药品监督管理部门；需要恢复生产的，应当经所在地省、自治区、直辖市食品药品监督管理部门对企业的生产条件和安全管理情况进行现场检查。

第十一条 药品类易制毒化学品生产企业变更生产地址、品种范围的，应当重新申办《生产许可批件》。

药品类易制毒化学品生产企业变更企业名称、法定代表人的，由所在地省、自治区、直辖市食品药品监督管理部门办理《药品生产许可证》变更手续，报国家食品药品监督管理局备案。

第十二条 药品类易制毒化学品以及含有药品类易制毒化学品的制剂不得委托生产。

药品生产企业不得接受境外厂商委托加工药品类易制毒化学品以及含有药品类易制毒化学品的产品；特殊情况需要委托加工的，须经国家食品药品监督管理局批准。

第十三条 药品类易制毒化学品的经营许可，国家食品药品监督管理局委托省、自治区、直辖市食品药品监督管理部门办理。

药品类易制毒化学品单方制剂和小包装麻黄素，纳入麻醉药品销售渠道经营，仅能由麻醉药品全国性批发企业和区域性批发企业经销，不得零售。

未实行药品批准文号管理的品种，纳入药品类易制毒化学品原料药渠道经营。

第十四条 药品经营企业申请经营药品类易制毒化学品原料药，应当符合《条例》第九条规定的条件，向所在地省、自治区、直辖市食品药品监督管理部门提出申请，报送以下资料：

（一）药品类易制毒化学品原料药经营申请表（见附件4）；

（二）具有麻醉药品和第一类精神药品定点经营资格或者第二类精神药品定点经营资格的《药品经营许可证》、《药品经营质量管理规范》认证证书和企业营业执照复印件；

（三）企业药品类易制毒化学品管理的组织机构图（注明各部门职责及相互关系、部门负责人）；

（四）反映企业现有状况的周边环境图、总平面布置图、仓储平面布置图（注明药品类易制毒化学品相应安全管理设施）；

（五）药品类易制毒化学品安全管理制度文件目录；

（六）重点区域设置电视监控设施的说明以及与公安机关联网报警的证明；

（七）企业法定代表人、企业负责人和销售、管理人员具有药品类易制毒化学品有关知识的说明材料；

（八）企业法定代表人及相关工作人员无毒品犯罪记录的证明。

第十五条　省、自治区、直辖市食品药品监督管理部门应当在收到申请之日起5日内，对申报资料进行形式审查，决定是否受理。受理的，在30日内完成现场检查和实质性审查，对符合规定的，在《药品经营许可证》经营范围中标注"药品类易制毒化学品"，并报国家食品药品监督管理局备案；不予许可的，应当书面说明理由。

第三章　购买许可

第十六条　国家对药品类易制毒化学品实行购买许可制度。购买药品类易制毒化学品的，应当办理《药品类易制毒化学品购用证明》（以下简称《购用证明》），但本办法第二十一条规定的情形除外。

《购用证明》由国家食品药品监督管理局统一印制（样式见附件5），有效期为3个月。

第十七条　《购用证明》申请范围：

（一）经批准使用药品类易制毒化学品用于药品生产的药品生

产企业；

（二）使用药品类易制毒化学品的教学、科研单位；

（三）具有药品类易制毒化学品经营资格的药品经营企业；

（四）取得药品类易制毒化学品出口许可的外贸出口企业；

（五）经农业部会同国家食品药品监督管理局下达兽用盐酸麻黄素注射液生产计划的兽药生产企业。

药品类易制毒化学品生产企业自用药品类易制毒化学品原料药用于药品生产的，也应当按照本办法规定办理《购用证明》。

第十八条 购买药品类易制毒化学品应当符合《条例》第十四条规定，向所在地省、自治区、直辖市食品药品监督管理部门或者省、自治区食品药品监督管理部门确定并公布的设区的市级食品药品监督管理部门提出申请，填报购买药品类易制毒化学品申请表（见附件6），提交相应资料（见附件7）。

第十九条 设区的市级食品药品监督管理部门应当在收到申请之日起5日内，对申报资料进行形式审查，决定是否受理。受理的，必要时组织现场检查，5日内将检查结果连同企业申报资料报送省、自治区食品药品监督管理部门。省、自治区食品药品监督管理部门应当在5日内完成审查，对符合规定的，发给《购用证明》；不予许可的，应当书面说明理由。

省、自治区、直辖市食品药品监督管理部门直接受理的，应当在收到申请之日起10日内完成审查和必要的现场检查，对符合规定的，发给《购用证明》；不予许可的，应当书面说明理由。

省、自治区、直辖市食品药品监督管理部门在批准发给《购用证明》之前，应当请公安机关协助核查相关内容；公安机关核查所用的时间不计算在上述期限之内。

第二十条 《购用证明》只能在有效期内一次使用。《购用证明》不得转借、转让。购买药品类易制毒化学品时必须使用

《购用证明》原件，不得使用复印件、传真件。

第二十一条 符合以下情形之一的，豁免办理《购用证明》：

（一）医疗机构凭麻醉药品、第一类精神药品购用印鉴卡购买药品类易制毒化学品单方制剂和小包装麻黄素的；

（二）麻醉药品全国性批发企业、区域性批发企业持麻醉药品调拨单购买小包装麻黄素以及单次购买麻黄素片剂6万片以下、注射剂1.5万支以下的；

（三）按规定购买药品类易制毒化学品标准品、对照品的；

（四）药品类易制毒化学品生产企业凭药品类易制毒化学品出口许可自营出口药品类易制毒化学品的。

第四章 购销管理

第二十二条 药品类易制毒化学品生产企业应当将药品类易制毒化学品原料药销售给取得《购用证明》的药品生产企业、药品经营企业和外贸出口企业。

第二十三条 药品类易制毒化学品经营企业应当将药品类易制毒化学品原料药销售给本省、自治区、直辖市行政区域内取得《购用证明》的单位。药品类易制毒化学品经营企业之间不得购销药品类易制毒化学品原料药。

第二十四条 教学科研单位只能凭《购用证明》从麻醉药品全国性批发企业、区域性批发企业和药品类易制毒化学品经营企业购买药品类易制毒化学品。

第二十五条 药品类易制毒化学品生产企业应当将药品类易制毒化学品单方制剂和小包装麻黄素销售给麻醉药品全国性批发企业。麻醉药品全国性批发企业、区域性批发企业应当按照《麻醉药品和精神药品管理条例》第三章规定的渠道销售药品类易制毒化学品单方制剂和小包装麻黄素。麻醉药品区域性批发企业之间不得购销药品类易制毒化学品单方制剂和小包装麻黄素。

麻醉药品区域性批发企业之间因医疗急需等特殊情况需要调剂药品类易制毒化学品单方制剂的，应当在调剂后 2 日内将调剂情况分别报所在地省、自治区、直辖市食品药品监督管理部门备案。

第二十六条 药品类易制毒化学品禁止使用现金或者实物进行交易。

第二十七条 药品类易制毒化学品生产企业、经营企业销售药品类易制毒化学品，应当逐一建立购买方档案。

购买方为非医疗机构的，档案内容至少包括：

（一）购买方《药品生产许可证》、《药品经营许可证》、企业营业执照等资质证明文件复印件；

（二）购买方企业法定代表人、主管药品类易制毒化学品负责人、采购人员姓名及其联系方式；

（三）法定代表人授权委托书原件及采购人员身份证明文件复印件；

（四）《购用证明》或者麻醉药品调拨单原件；

（五）销售记录及核查情况记录。

购买方为医疗机构的，档案应当包括医疗机构麻醉药品、第一类精神药品购用印鉴卡复印件和销售记录。

第二十八条 药品类易制毒化学品生产企业、经营企业销售药品类易制毒化学品时，应当核查采购人员身份证明和相关购买许可证明，无误后方可销售，并保存核查记录。

发货应当严格执行出库复核制度，认真核对实物与药品销售出库单是否相符，并确保将药品类易制毒化学品送达购买方《药品生产许可证》或者《药品经营许可证》所载明的地址，或者医疗机构的药库。

在核查、发货、送货过程中发现可疑情况的，应当立即停止销售，并向所在地食品药品监督管理部门和公安机关报告。

第二十九条 除药品类易制毒化学品经营企业外，购用单位应当按照《购用证明》载明的用途使用药品类易制毒化学品，不得转售；外贸出口企业购买的药品类易制毒化学品不得内销。

购用单位需要将药品类易制毒化学品退回原供货单位的，应当分别报其所在地和原供货单位所在地省、自治区、直辖市食品药品监督管理部门备案。原供货单位收到退货后，应当分别向其所在地和原购用单位所在地省、自治区、直辖市食品药品监督管理部门报告。

第五章 安全管理

第三十条 药品类易制毒化学品生产企业、经营企业、使用药品类易制毒化学品的药品生产企业和教学科研单位，应当配备保障药品类易制毒化学品安全管理的设施，建立层层落实责任制的药品类易制毒化学品管理制度。

第三十一条 药品类易制毒化学品生产企业、经营企业和使用药品类易制毒化学品的药品生产企业，应当设置专库或者在药品仓库中设立独立的专库（柜）储存药品类易制毒化学品。

麻醉药品全国性批发企业、区域性批发企业可在其麻醉药品和第一类精神药品专库中设专区存放药品类易制毒化学品。

教学科研单位应当设立专柜储存药品类易制毒化学品。

专库应当设有防盗设施，专柜应当使用保险柜；专库和专柜应当实行双人双锁管理。

药品类易制毒化学品生产企业、经营企业和使用药品类易制毒化学品的药品生产企业，其关键生产岗位、储存场所应当设置电视监控设施，安装报警装置并与公安机关联网。

第三十二条 药品类易制毒化学品生产企业、经营企业和使用药品类易制毒化学品的药品生产企业,应当建立药品类易制毒化学品专用账册。专用账册保存期限应当自药品类易制毒化学品有效期期满之日起不少于2年。

药品类易制毒化学品生产企业自营出口药品类易制毒化学品的,必须在专用账册中载明,并留存出口许可及相应证明材料备查。

药品类易制毒化学品入库应当双人验收,出库应当双人复核,做到账物相符。

第三十三条 发生药品类易制毒化学品被盗、被抢、丢失或者其他流入非法渠道情形的,案发单位应当立即报告当地公安机关和县级以上地方食品药品监督管理部门。接到报案的食品药品监督管理部门应当逐级上报,并配合公安机关查处。

第六章 监督管理

第三十四条 县级以上地方食品药品监督管理部门负责本行政区域内药品类易制毒化学品生产企业、经营企业、使用药品类易制毒化学品的药品生产企业和教学科研单位的监督检查。

第三十五条 食品药品监督管理部门应当建立对本行政区域内相关企业的监督检查制度和监督检查档案。监督检查至少应当包括药品类易制毒化学品的安全管理状况、销售流向、使用情况等内容;对企业的监督检查档案应当全面详实,应当有现场检查等情况的记录。每次检查后应当将检查结果以书面形式告知被检查单位;需要整改的应当提出整改内容及整改期限,并实施跟踪检查。

第三十六条 食品药品监督管理部门对药品类易制毒化学品的生产、经营、购买活动进行监督检查时,可以依法查看现场、查阅和复制有关资料、记录有关情况、扣押相关的证据材料和违法物品;必要时,可以临时查封有关场所。

被检查单位及其工作人员应当配合食品药品监督管理部门的

监督检查，如实提供有关情况和材料、物品，不得拒绝或者隐匿。

第三十七条 食品药品监督管理部门应当将药品类易制毒化学品许可、依法吊销或者注销许可的情况及时通报有关公安机关和工商行政管理部门。

食品药品监督管理部门收到工商行政管理部门关于药品类易制毒化学品生产企业、经营企业吊销营业执照或者注销登记的情况通报后，应当及时注销相应的药品类易制毒化学品许可。

第三十八条 药品类易制毒化学品生产企业、经营企业应当于每月10日前，向所在地县级食品药品监督管理部门、公安机关及中国麻醉药品协会报送上月药品类易制毒化学品生产、经营和库存情况；每年3月31日前向所在地县级食品药品监督管理部门、公安机关及中国麻醉药品协会报送上年度药品类易制毒化学品生产、经营和库存情况。食品药品监督管理部门应当将汇总情况及时报告上一级食品药品监督管理部门。

药品类易制毒化学品生产企业、经营企业应当按照食品药品监督管理部门制定的药品电子监管实施要求，及时联入药品电子监管网，并通过网络报送药品类易制毒化学品生产、经营和库存情况。

第三十九条 药品类易制毒化学品生产企业、经营企业、使用药品类易制毒化学品的药品生产企业和教学科研单位，对过期、损坏的药品类易制毒化学品应当登记造册，并向所在地县级以上地方食品药品监督管理部门申请销毁。食品药品监督管理部门应当自接到申请之日起5日内到现场监督销毁。

第四十条 有《行政许可法》第六十九条第一款、第二款所列情形的，省、自治区、直辖市食品药品监督管理部门或者国家食品药品监督管理局应当撤销根据本办法作出的有关许可。

第七章 法律责任

第四十一条 药品类易制毒化学品生产企业、经营企业、使用药品类易制毒化学品的药品生产企业、教学科研单位，未按规定执行安全管理制度的，由县级以上食品药品监督管理部门按照《条例》第四十条第一款第一项的规定给予处罚。

第四十二条 药品类易制毒化学品生产企业自营出口药品类易制毒化学品，未按规定在专用账册中载明或者未按规定留存出口许可、相应证明材料备查的，由县级以上食品药品监督管理部门按照《条例》第四十条第一款第四项的规定给予处罚。

第四十三条 有下列情形之一的，由县级以上食品药品监督管理部门给予警告，责令限期改正，可以并处1万元以上3万元以下的罚款：

（一）药品类易制毒化学品生产企业连续停产1年以上未按规定报告的，或者未经所在地省、自治区、直辖市食品药品监督管理部门现场检查即恢复生产的；

（二）药品类易制毒化学品生产企业、经营企业未按规定渠道购销药品类易制毒化学品的；

（三）麻醉药品区域性批发企业因特殊情况调剂药品类易制毒化学品后未按规定备案的；

（四）药品类易制毒化学品发生退货，购用单位、供货单位未按规定备案、报告的。

第四十四条 药品类易制毒化学品生产企业、经营企业、使用药品类易制毒化学品的药品生产企业和教学科研单位，拒不接受食品药品监督管理部门监督检查的，由县级以上食品药品监督管理部门按照《条例》第四十二条规定给予处罚。

第四十五条 对于由公安机关、工商行政管理部门按照《条例》第三十八条作出行政处罚决定的单位，食品药品监督管理部门自该行政处罚决定作出之日起3年内不予受理其药品类易制毒化学品生产、经营、购买许可的申请。

第四十六条 食品药品监督管理部门工作人员在药品类易制毒化学品管理工作中有应当许可而不许可、不应当许可而滥许可，以及其他滥用职权、玩忽职守、徇私舞弊行为的，依法给予行政处分；构成犯罪的，依法追究刑事责任。

第八章 附 则

第四十七条 申请单位按照本办法的规定申请行政许可事项的，应当对提交资料的真实性负责，提供资料为复印件的，应当加盖申请单位的公章。

第四十八条 本办法所称小包装麻黄素是指国家食品药品监督管理局指定生产的供教学、科研和医疗机构配制制剂使用的特定包装的麻黄素原料药。

第四十九条 对兽药生产企业购用盐酸麻黄素原料药以及兽用盐酸麻黄素注射液生产、经营等监督管理，按照农业部和国家食品药品监督管理局的规定执行。

第五十条 本办法自2010年5月1日起施行。原国家药品监督管理局1999年6月26日发布的《麻黄素管理办法》（试行）同时废止。

附件：1. 药品类易制毒化学品品种目录
2. 药品类易制毒化学品生产申请表
3. 药品类易制毒化学品生产许可批件
4. 药品类易制毒化学品原料药经营申请表
5. 药品类易制毒化学品购用证明
6. 购买药品类易制毒化学品申请表
7. 购买药品类易制毒化学品申报资料要求

易制毒化学品进出口管理规定

中华人民共和国商务部令
2015 年第 2 号

《商务部关于修改部分规章和规范性文件的决定》已经 2015 年 8 月 17 日商务部第 55 次部务会议审议通过,并商科技部、公安部、国土资源部、住房城乡建设部、海关总署、税务总局、工商总局、安全监管总局、食品药品监管总局、证监会、外汇局等部门同意,现予公布,自公布之日起施行。

商务部部长
2015 年 10 月 28 日

(2006 年 5 月 17 日商务部第 5 次部务会议审议通过;根据 2015 年 8 月 17 日商务部第 55 次部务会议审议通过的《商务部关于修改部分规章和规范性文件的决定》修改)

第一章 总 则

第一条 为加强易制毒化学品进出口管理,防止其流入非法制毒渠道,根据《中华人民共和国对外贸易法》和《易制毒化学品管理条例》等法律、行政法规,制定本规定。

第二条 本规定所称的易制毒化学品系指《易制毒化学品管理条例》附表所列可用于制毒的主要原料及化学配剂,目录见本规定附件。

第三条　国家对易制毒化学品进出口实行许可证管理制度。以任何方式进出口易制毒化学品均需申领许可证。

第四条　商务部负责全国易制毒化学品的进出口管理工作。国务院其他部门在各自职责范围内负责有关管理工作。

各省、自治区、直辖市及计划单列市商务主管部门（以下统称省级商务主管部门）负责本地区易制毒化学品进出口管理工作。同时接受商务部委托负责本地区易制毒化学品进出口许可初审及部分易制毒化学品进出口许可工作。

县级以上商务主管部门负责本地区易制毒化学品进出口监督检查工作。

第五条　通过对外交流、交换、合作、赠送、援助、服务等形式进出口易制毒化学品的，应按照本规定申请进（出）口许可证。

第六条　易制毒化学品进出口经营者（以下简称经营者）以加工贸易方式进出口易制毒化学品或加工制成品、副产品为易制毒化学品需内销的，应首先按照本办法规定取得相应的进（出）口许可，并凭进（出）口许可证办理相关手续。

第七条　混合物中含有易制毒化学品的，经营者应折算易制毒化学品数量后按照本规定申请进（出）口许可，含易制毒化学品的复方药品制剂除外。

第八条　易制毒化学品样品的进出口应按照本规定申请进（出）口许可。

第九条　易制毒化学品的过境、转运、通运应当按照本规定申请进（出）口许可。

第十条　易制毒化学品在境外与保税区、出口加工区等海关特殊监管区域、保税场所之间进出的，应当按照本规定申请进（出）口许可证。

易制毒化学品在境内与保税区、出口加工区等海关特殊监管区域、保税场所之间进出的，或者在上述海关特殊监管区域、保税场所之间进出的，无须申请进（出）口许可证。

第十一条 经营者在进出口易制毒化学品时，应当如实向海关申报，提交进（出）口许可证，海关凭许可证办理通关验放手续。进口第一类中的药品类易制毒化学品，还应提交食品药品监督管理部门出具的进口药品通关单。

第十二条 进出境人员随身携带《易制毒化学品管理条例》第一类中的药品类易制毒化学品药品制剂和高锰酸钾的，应当以自用且数量合理为限，并接受海关监管。

进出境人员不得随身携带前款规定以外的易制毒化学品。

第十三条 国家对部分易制毒化学品的进出口实行国际核查制度。管理规定另行制定。

第十四条 麻黄素等属于重点监控范围的易制毒化学品，由商务部会同国务院有关部门核定的企业进口、出口。管理办法另行制定。

第二章 进出口许可申请和审查

第十五条 经营者申请进出口易制毒化学品，应通过商务部两用物项和技术进出口管理电子政务平台如实、准确、完整填写《易制毒化学品进（出）口申请表》，并提交电子数据。

第十六条 省级商务主管部门应自收到进出口申请电子数据之日起3日内进行审查，符合填报要求的，网上通知经营者报送书面材料；不符合填报要求的，网上说明理由并退回重新填报。

第十七条 经营者收到报送书面材料的通知后，应向省级商务主管部门提交下列书面材料：

（一）经签字并加盖公章的《易制毒化学品进（出）口申请

表》原件；

（二）对外贸易经营者备案登记表复印件；

（三）营业执照副本复印件；

（四）易制毒化学品生产、经营、购买许可证或者备案证明；

（五）进口或者出口合同（协议）复印件；

（六）经办人的身份证明复印件。

申请易制毒化学品出口许可的，还应当提交进口方政府主管部门出具的合法使用易制毒化学品的证明复印件或进口方合法使用的保证文件原件。

对本条规定的材料复印件有疑问时，商务主管部门可要求经营者交验上述有关材料原件。

书面材料不齐全或不符合法定形式的，省级商务主管部门应在收到书面材料之日起 5 日内告知经营者需要补正的全部内容，逾期不告知的，自收到书面材料之日起即为受理。

第十八条 申请进出口目录第三类中无需国际核查的易制毒化学品的，省级商务主管部门应自收到齐备、合格的书面材料之日起 5 日内对经营者提交的书面材料和电子数据进行审查，并作出是否许可的决定。

许可的，省级商务主管部门应在上述期限内发放《两用物项和技术进（出）口批复单》，并将电子数据报商务部备案；不予许可的，省级商务主管部门书面通知经营者并说明理由。

第十九条 对于申请进出口目录第一、二类易制毒化学品和目录第三类中需国际核查的易制毒化学品的，省级商务主管部门应自收到齐备、合格的书面材料之日起 3 日内对申请进行初审。

初审合格后，对于申请进出口无需国际核查的目录第一、二类易制毒化学品的，省级商务主管部门将电子数据转报商务部审查；对于申请进出口需国际核查的易制毒化学品的，省级商务主管部门将书面材料和电子数据转报商务部审查。

第二十条 对于申请进出口目录第一、二类中无需国际核查的易制毒化学品的,商务部应自收到省级商务主管部门上报电子数据之日起 8 日内进行审查,作出是否许可的决定并通知省级商务主管部门。

商务部依据前款对进出口申请予以许可的,省级商务主管部门应在收到许可决定后 2 日内发放《两用物项和技术进(出)口批复单》;不予许可的,省级商务主管部门书面通知经营者并说明理由。

第二十一条 对于申请进口需国际核查的易制毒化学品的,商务部应自收到省级商务主管部门上报电子数据和书面材料之日起 8 日内进行审查,作出是否许可的决定并通知省级商务主管部门。

商务部依据前款对进口申请予以许可的,省级商务主管部门应在收到许可决定后 2 日内发放《两用物项和技术进口批复单》;不予许可的,省级商务主管部门书面通知经营者并说明理由。

应易制毒化学品出口国家或者地区政府主管部门提出的国际核查要求,商务部可会同公安部对经营者进口易制毒化学品的有关情况进行核查。

第二十二条 对于申请出口需国际核查的易制毒化学品的,商务部应自收到省级商务主管部门上报书面材料和电子数据之日起 5 日内进行审查,符合规定的,进行国际核查。

商务部应自收到国际核查结果之日起 3 日内作出是否许可的决定并通知省级商务主管部门。商务部予以许可的,省级商务主管部门应在收到许可决定后 2 日内发放《两用物项和技术出口批复单》;不予许可的,省级商务主管部门书面通知经营者并说明理由。

国际核查所用时间不计算在许可期限之内。

第二十三条 申请进口第一类中的药品类易制毒化学品的,商务部在作出许可决定之前,应当征得国务院食品药品监督管理部门的同意。

申请出口第一类中的药品类易制毒化学品,需要在取得出口许可证后办理购买许可证的,应当向省级食品药品监督管理部门申请购买许可证。

第二十四条 在易制毒化学品进出口许可审查过程中,商务主管部门可以对申请材料的实质内容进行实地核查。

第二十五条 经营者可通过商务部两用物项和技术进出口管理电子政务平台查询有关申请办理进程及结果。

第二十六条 经营者凭《两用物项和技术进(出)口批复单》依据《两用物项和技术进出口许可证管理办法》有关规定申领两用物项和技术进(出)口许可证。

第三章 外商投资企业进出口许可申请和审查

第二十七条 外商投资企业申请进出口易制毒化学品的,通过外商投资企业进出口管理网络系统申报,如实、准确、完整填写《外商投资企业易制毒化学品进(出)口申请表》,并提交电子数据;手工不经过网络系统申报的,省级商务主管部门须按规范录入上述系统。

第二十八条 省级商务主管部门应自收到进出口申请电子数据之日起3日内进行审查,符合填报要求的,网上通知外商投资企业报送书面材料;不符合填报要求的,网上说明理由并退回重新填报。

第二十九条 外商投资企业收到报送书面材料的通知后,应向省级商务主管部门提交下列书面材料:

（一）经签字并加盖公章的《外商投资企业易制毒化学品进（出）口申请表》原件；

（二）批准证书复印件；

（三）营业执照副本复印件；

（四）商务主管部门关于设立该企业的批文及企业合营合同或章程；

（五）易制毒化学品生产、经营、购买许可证或者备案证明；

（六）进口或者出口合同（协议）复印件；

（七）经办人的身份证明复印件。

申请易制毒化学品出口许可的，还应当提交进口方政府主管部门出具的合法使用易制毒化学品的证明或进口方合法使用的保证文件原件。

申请易制毒化学品进口许可的，还需提交申请进口易制毒化学品的报告，包括外商投资企业对监管手段的说明及不得用于制毒的保证函。

对本条规定的材料复印件有疑问时，商务主管部门可要求外商投资企业交验上述有关材料原件。

书面材料不齐全或不符合法定形式的，省级商务主管部门应在收到书面材料之日起5日内告知外商投资企业需要补正的全部内容，逾期不告知的，自收到书面材料之日起即为受理。

第三十条 申请进出口目录第三类中无需国际核查的易制毒化学品的，省级商务主管部门应自收到齐备、合格的书面材料之日起5日内对外商投资企业提交的书面材料和电子数据进行审查，并作出是否许可的决定。

许可的，省级商务主管部门应在上述期限内发放《外商投资企业易制毒化学品进（出）口批复单》，并将电子数据报商务部备案；不予许可的，省级商务主管部门书面通知外商投资企业并说明理由。

第三十一条　对于申请进出口目录第一、二类易制毒化学品和目录第三类中需国际核查的易制毒化学品的，省级商务主管部门应自收到齐备、合格的书面材料之日起3日内对申请进行初审。

初审合格后，对于申请进出口无需国际核查的目录第一、二类易制毒化学品的，省级商务主管部门将电子数据转报商务部审查；对于申请进出口需国际核查的易制毒化学品的，省级商务主管部门将书面材料和电子数据转报商务部审查。

第三十二条　对于申请进口目录第一、二类中无需国际核查的易制毒化学品的，商务部应自收到省级商务主管部门上报电子数据之日起8日内进行审查，作出是否许可的决定并通知省级商务主管部门。

商务部依据前款对进口申请予以许可的，省级商务主管部门应在收到许可决定后2日内发放《外商投资企业易制毒化学品进口批复单》；不予许可的，省级商务主管部门书面通知外商投资企业并说明理由。

第三十三条　对于申请出口第一、二类中无需国际核查的易制毒化学品的，商务部应自收到省级商务主管部门上报电子数据和书面材料之日起10日内进行审查，作出是否许可的决定并通知省级商务主管部门。许可的，商务部应在上述期限内发放《外商投资企业易制毒化学品出口批复单》，省级商务主管部门通知外商投资企业；不予许可的，省级商务主管部门书面通知外商投资企业并说明理由。

第三十四条　对于申请进口需国际核查的易制毒化学品的，商务部应自收到省级商务主管部门上报电子数据和书面材料之日起8日内进行审查，作出是否许可的决定并通知省级商务主管部门。

商务部依据前款对进口申请予以许可的,省级商务主管部门应在收到许可决定后 2 日内发放《外商投资企业易制毒化学品进口批复单》;不予许可的,省级商务主管部门书面通知外商投资企业并说明理由。

应易制毒化学品出口国家或者地区政府主管部门提出的国际核查要求,商务部可会同公安部对外商投资企业进口易制毒化学品的有关情况进行核查。

第三十五条 对于申请出口需国际核查的易制毒化学品的,商务部应自收到省级商务主管部门上报书面材料和电子数据之日起 5 日内进行审查,符合规定的,进行国际核查。

商务部应自收到国际核查结果之日起 5 日内作出是否许可的决定并通知省级商务主管部门。许可的,商务部应在上述期限内发放《外商投资企业易制毒化学品出口批复单》,省级商务主管部门通知外商投资企业;不予许可的,省级商务主管部门书面通知外商投资企业并说明理由。

国际核查所用时间不计算在许可期限之内。

第三十六条 外商投资企业申请进口第一类中的药品类易制毒化学品的,商务部在作出许可决定之前,应当征得国务院食品药品监督管理部门的同意。

外商投资企业申请出口第一类中的药品类易制毒化学品,需要在取得出口许可证后办理购买许可证的,应当向省级食品药品监督管理部门申请购买许可证。

第三十七条 在外商投资企业易制毒化学品进出口许可审查过程中,商务主管部门可以对申请材料的实质内容进行实地核查。

第三十八条 《外商投资企业易制毒化学品进(出)口批复单》须加盖商务主管部门公章。

第三十九条 外商投资企业可通过外商投资企业进出口管理

网络系统查询有关申请办理进程及结果。

第四十条 外商投资企业凭《外商投资企业易制毒化学品进（出）口批复单》依据《两用物项和技术进出口许可证管理办法》有关规定申领两用物项和技术进（出）口许可证。

第四章 监督检查

第四十一条 县级以上商务主管部门应当按照本规定和其他有关法律、法规规定，严格履行对本地区易制毒化学品进出口的监督检查职责，依法查处违法行为。

第四十二条 县级以上商务主管部门对经营者进行监督检查时，可以依法查看现场、查阅和复制有关资料、记录有关情况、扣押相关的证据材料和物品；必要时，可以临时查封有关场所。

有关单位和个人应当及时如实提供有关情况和材料、物品，不得拒绝或隐匿。

第四十三条 易制毒化学品在进出口环节发生丢失、被盗、被抢案件，发案单位应当立即报告当地公安机关和当地商务主管部门。接到报案的商务主管部门应当逐级上报，并配合公安机关查处。

第四十四条 经营者应当建立健全易制毒化学品进出口内部管理制度，建立健全易制毒化学品进出口管理档案，至少留存两年备查，并指定专人负责易制毒化学品进出口相关工作。

第四十五条 经营者知道或者应当知道，或者得到商务主管部门通知，拟进出口的易制毒化学品可能流入非法渠道时，应及时终止合同执行，并将情况报告有关商务主管部门。

经营者违反本规定或当拟进出口易制毒化学品存在被用于制毒危险时，商务部或省级商务主管部门可对已经颁发的进（出）口许可证予以撤销。经营者应采取措施停止相关交易。

第四十六条 经营者应当于每年3月31日前向省级商务主管部门和当地公安机关报告本单位上年度易制毒化学品进出口情况,药品类易制毒化学品进出口经营者还须向当地食品药品监督管理部门报告本单位上年度药品类易制毒化学品进出口情况。省级商务主管部门将本行政区域内的易制毒化学品进出口情况汇总后报商务部。

有条件的经营者,可以与商务主管部门建立计算机联网,及时通报有关进出口情况。

第五章 法律责任

第四十七条 未经许可或超出许可范围进出口易制毒化学品的,或者违反本规定第十二条的,由海关依照有关法律、行政法规的规定处理、处罚;构成犯罪的,依法追究刑事责任。

第四十八条 违反本规定,有下列行为之一的,商务部可给予警告、责令限期改正,并处1万元以上5万元以下罚款:

(一)经营者未按本规定建立健全内部管理制度;

(二)将进出口许可证转借他人使用的;

(三)易制毒化学品在进出口环节发生丢失、被盗、被抢后未及时报告,造成严重后果的。

第四十九条 违反本规定第四十五、四十六条规定的,商务部可给予警告、责令限期改正,并处3万元以下罚款。

第五十条 经营者或者个人拒不接受商务主管部门监督检查的,商务部可责令改正,对直接负责的主管人员以及其他直接责任人员给予警告;情节严重的,对单位处1万元以上5万元以下罚款,对直接负责的主管人员以及其他直接责任人员处1000元以上5000元以下罚款。

第五十一条 自相关行政处罚决定生效之日或者刑事处罚判

决生效之日起，商务部可在三年内不受理违法行为人提出的易制毒化学品进出口许可申请，或者禁止违法行为人在一年以上三年以下的期限内从事有关的易制毒化学品进出口经营活动。

第五十二条 商务主管部门的工作人员在易制毒化学品进出口管理工作中有应当许可而不许可、不应许可而滥许可，以及其他滥用职权、玩忽职守、徇私舞弊行为的，依法给予行政处分；构成犯罪的，依法追究刑事责任。

第六章 附　则

第五十三条 《两用物项和技术进（出）口批复单》、《外商投资企业易制毒化学品进（出）口批复单》由商务部规定式样并监督印制。

第五十四条 《向特定国家（地区）出口易制毒化学品暂行管理规定》中与本办法规定不一致的，从其规定。

第五十五条 本规定自公布之日起 30 日后起施行。原《易制毒化学品进出口管理规定》（原外经贸部 1999 年第 4 号令）、《对外贸易经济合作部关于印发〈外商投资企业易制毒化学品进出口审批原则和审批程序〉的通知》（（1997）外经贸资三函字第 197 号）同时废止。

麻醉药品和精神药品管理条例

中华人民共和国国务院令

第 666 号

《国务院关于修改部分行政法规的决定》已经 2016 年 1 月 13 日国务院第 119 次常务会议通过，现予公布，自公布之日起施行。

总理　李克强

2016 年 2 月 6 日

(2005 年 8 月 3 日国务院令第 442 号发布；根据 2013 年 12 月 7 日《国务院关于修改部分行政法规的决定》第一次修订；根据 2016 年 2 月 6 日《国务院关于修改部分行政法规的决定》第二次修订)

第一章　总　则

第一条　为加强麻醉药品和精神药品的管理，保证麻醉药品和精神药品的合法、安全、合理使用，防止流入非法渠道，根据药品管理法和其他有关法律的规定,制定本条例。

第二条 麻醉药品药用原植物的种植,麻醉药品和精神药品的实验研究、生产、经营、使用、储存、运输等活动以及监督管理,适用本条例。

麻醉药品和精神药品的进出口依照有关法律的规定办理。

第三条 本条例所称麻醉药品和精神药品,是指列入麻醉药品目录、精神药品目录(以下称目录)的药品和其他物质。精神药品分为第一类精神药品和第二类精神药品。

目录由国务院药品监督管理部门会同国务院公安部门、国务院卫生主管部门制定、调整并公布。

上市销售但尚未列入目录的药品和其他物质或者第二类精神药品发生滥用,已经造成或者可能造成严重社会危害的,国务院药品监督管理部门会同国务院公安部门、国务院卫生主管部门应当及时将该药品和该物质列入目录或者将该第二类精神药品调整为第一类精神药品。

第四条 国家对麻醉药品药用原植物以及麻醉药品和精神药品实行管制。除本条例另有规定的外,任何单位、个人不得进行麻醉药品药用原植物的种植以及麻醉药品和精神药品的实验研究、生产、经营、使用、储存、运输等活动。

第五条 国务院药品监督管理部门负责全国麻醉药品和精神药品的监督管理工作,并会同国务院农业主管部门对麻醉药品药用原植物实施监督管理。国务院公安部门负责对造成麻醉药品药用原植物、麻醉药品和精神药品流入非法渠道的行为进行查处。国务院其他有关主管部门在各自的职责范围内负责与麻醉药品和精神药品有关的管理工作。

省、自治区、直辖市人民政府药品监督管理部门负责本行政区域内麻醉药品和精神药品的监督管理工作。县级以上地方公安机关负责对本行政区域内造成麻醉药品和精神药品流入非法渠道的行为进行查处。县级以上地方人民政府其他有关主管部门在各自的职责范围内负责与麻醉药品和精神药品有关的管理工作。

第六条　麻醉药品和精神药品生产、经营企业和使用单位可以依法参加行业协会。行业协会应当加强行业自律管理。

第二章　种植、实验研究和生产

第七条　国家根据麻醉药品和精神药品的医疗、国家储备和企业生产所需原料的需要确定需求总量，对麻醉药品药用原植物的种植、麻醉药品和精神药品的生产实行总量控制。

国务院药品监督管理部门根据麻醉药品和精神药品的需求总量制定年度生产计划。

国务院药品监督管理部门和国务院农业主管部门根据麻醉药品年度生产计划，制定麻醉药品药用原植物年度种植计划。

第八条　麻醉药品药用原植物种植企业应当根据年度种植计划，种植麻醉药品药用原植物。

麻醉药品药用原植物种植企业应当向国务院药品监督管理部门和国务院农业主管部门定期报告种植情况。

第九条　麻醉药品药用原植物种植企业由国务院药品监督管理部门和国务院农业主管部门共同确定，其他单位和个人不得种植麻醉药品药用原植物。

第十条　开展麻醉药品和精神药品实验研究活动应当具备下列条件，并经国务院药品监督管理部门批准：

（一）以医疗、科学研究或者教学为目的；

（二）有保证实验所需麻醉药品和精神药品安全的措施和管理制度；

（三）单位及其工作人员 2 年内没有违反有关禁毒的法律、行政法规规定的行为。

第十一条　麻醉药品和精神药品的实验研究单位申请相关药品批准证明文件，应当依照药品管理法的规定办理；需要转让研究成果的，应当经国务院药品监督管理部门批准。

第十二条　药品研究单位在普通药品的实验研究过程中，产生本条例规定的管制品种的，应当立即停止实验研究活动，并向国务院药品监督管理部门报告。国务院药品监督管理部门应当根据情况，及时作出是否同意其继续实验研究的决定。

第十三条　麻醉药品和第一类精神药品的临床试验，不得以健康人为受试对象。

第十四条　国家对麻醉药品和精神药品实行定点生产制度。

国务院药品监督管理部门应当根据麻醉药品和精神药品的需求总量，确定麻醉药品和精神药品定点生产企业的数量和布局，并根据年度需求总量对数量和布局进行调整、公布。

第十五条　麻醉药品和精神药品的定点生产企业应当具备下列条件：

（一）有药品生产许可证；

（二）有麻醉药品和精神药品实验研究批准文件；

（三）有符合规定的麻醉药品和精神药品生产设施、储存条件和相应的安全管理设施；

（四）有通过网络实施企业安全生产管理和向药品监督管理部门报告生产信息的能力；

（五）有保证麻醉药品和精神药品安全生产的管理制度；

（六）有与麻醉药品和精神药品安全生产要求相适应的管理水平和经营规模；

（七）麻醉药品和精神药品生产管理、质量管理部门的人员应当熟悉麻醉药品和精神药品管理以及有关禁毒的法律、行政法规；

（八）没有生产、销售假药、劣药或者违反有关禁毒的法律、行政法规规定的行为；

（九）符合国务院药品监督管理部门公布的麻醉药品和精神药品定点生产企业数量和布局的要求。

第十六条 从事麻醉药品、精神药品生产的企业，应当经所在地省、自治区、直辖市人民政府药品监督管理部门批准。

第十七条 定点生产企业生产麻醉药品和精神药品，应当依照药品管理法的规定取得药品批准文号。

国务院药品监督管理部门应当组织医学、药学、社会学、伦理学和禁毒等方面的专家成立专家组，由专家组对申请首次上市的麻醉药品和精神药品的社会危害性和被滥用的可能性进行评价，并提出是否批准的建议。

未取得药品批准文号的，不得生产麻醉药品和精神药品。

第十八条 发生重大突发事件，定点生产企业无法正常生产或者不能保证供应麻醉药品和精神药品时，国务院药品监督管理部门可以决定其他药品生产企业生产麻醉药品和精神药品。

重大突发事件结束后，国务院药品监督管理部门应当及时决定前款规定的企业停止麻醉药品和精神药品的生产。

第十九条 定点生产企业应当严格按照麻醉药品和精神药品年度生产计划安排生产，并依照规定向所在地省、自治区、直辖市人民政府药品监督管理部门报告生产情况。

第二十条 定点生产企业应当依照本条例的规定，将麻醉药品和精神药品销售给具有麻醉药品和精神药品经营资格的企业或者依照本条例规定批准的其他单位。

第二十一条 麻醉药品和精神药品的标签应当印有国务院药品监督管理部门规定的标志。

第三章 经 营

第二十二条 国家对麻醉药品和精神药品实行定点经营制度。

国务院药品监督管理部门应当根据麻醉药品和第一类精神药品的需求总量，确定麻醉药品和第一类精神药品的定点批发企业布局，并应当根据年度需求总量对布局进行调整、公布。

药品经营企业不得经营麻醉药品原料药和第一类精神药品原料药。但是，供医疗、科学研究、教学使用的小包装的上述药品可以由国务院药品监督管理部门规定的药品批发企业经营。

第二十三条 麻醉药品和精神药品定点批发企业除应当具备药品管理法第十五条规定的药品经营企业的开办条件外，还应当具备下列条件：

（一）有符合本条例规定的麻醉药品和精神药品储存条件；

（二）有通过网络实施企业安全管理和向药品监督管理部门报告经营信息的能力；

（三）单位及其工作人员 2 年内没有违反有关禁毒的法律、行政法规规定的行为；

（四）符合国务院药品监督管理部门公布的定点批发企业布局。

麻醉药品和第一类精神药品的定点批发企业，还应当具有保证供应责任区域内医疗机构所需麻醉药品和第一类精神药品的能力，并具有保证麻醉药品和第一类精神药品安全经营的管理制度。

第二十四条 跨省、自治区、直辖市从事麻醉药品和第一类精神药品批发业务的企业（以下称全国性批发企业），应当经国务院药品监督管理部门批准；在本省、自治区、直辖市行政区域内从事麻醉药品和第一类精神药品批发业务的企业（以下称区域性批发企业），应当经所在地省、自治区、直辖市人民政府药品监督管理部门批准。

专门从事第二类精神药品批发业务的企业，应当经所在地省、自治区、直辖市人民政府药品监督管理部门批准。

全国性批发企业和区域性批发企业可以从事第二类精神药品批发业务。

第二十五条 全国性批发企业可以向区域性批发企业，或者经批准可以向取得麻醉药品和第一类精神药品使用资格的医疗机构以及依照本条例规定批准的其他单位销售麻醉药品和第一类精神药品。

全国性批发企业向取得麻醉药品和第一类精神药品使用资格的医疗机构销售麻醉药品和第一类精神药品，应当经医疗机构所在地省、自治区、直辖市人民政府药品监督管理部门批准。

国务院药品监督管理部门在批准全国性批发企业时，应当明确其所承担供药责任的区域。

第二十六条 区域性批发企业可以向本省、自治区、直辖市行政区域内取得麻醉药品和第一类精神药品使用资格的医疗机构销售麻醉药品和第一类精神药品；由于特殊地理位置的原因，需要就近向其他省、自治区、直辖市行政区域内取得麻醉药品和第一类精神药品使用资格的医疗机构销售的，应当经企业所在地省、自治区、直辖市人民政府药品监督管理部门批准。审批情况由负责审批的药品监督管理部门在批准后5日内通报医疗机构所在地省、自治区、直辖市人民政府药品监督管理部门。

省、自治区、直辖市人民政府药品监督管理部门在批准区域性批发企业时，应当明确其所承担供药责任的区域。

区域性批发企业之间因医疗急需、运输困难等特殊情况需要调剂麻醉药品和第一类精神药品的，应当在调剂后2日内将调剂情况分别报所在地省、自治区、直辖市人民政府药品监督管理部门备案。

第二十七条 全国性批发企业应当从定点生产企业购进麻醉药品和第一类精神药品。

区域性批发企业可以从全国性批发企业购进麻醉药品和第一类精神药品;经所在地省、自治区、直辖市人民政府药品监督管理部门批准,也可以从定点生产企业购进麻醉药品和第一类精神药品。

第二十八条 全国性批发企业和区域性批发企业向医疗机构销售麻醉药品和第一类精神药品,应当将药品送至医疗机构。医疗机构不得自行提货。

第二十九条 第二类精神药品定点批发企业可以向医疗机构、定点批发企业和符合本条例第三十一条规定的药品零售企业以及依照本条例规定批准的其他单位销售第二类精神药品。

第三十条 麻醉药品和第一类精神药品不得零售。

禁止使用现金进行麻醉药品和精神药品交易,但是个人合法购买麻醉药品和精神药品的除外。

第三十一条 经所在地设区的市级药品监督管理部门批准,实行统一进货、统一配送、统一管理的药品零售连锁企业可以从事第二类精神药品零售业务。

第三十二条 第二类精神药品零售企业应当凭执业医师出具的处方,按规定剂量销售第二类精神药品,并将处方保存2年备查;禁止超剂量或者无处方销售第二类精神药品;不得向未成年人销售第二类精神药品。

第三十三条 麻醉药品和精神药品实行政府定价,在制定出厂和批发价格的基础上,逐步实行全国统一零售价格。具体办法由国务院价格主管部门制定。

第四章 使 用

第三十四条 药品生产企业需要以麻醉药品和第一类精神药品为原料生产普通药品的，应当向所在地省、自治区、直辖市人民政府药品监督管理部门报送年度需求计划，由省、自治区、直辖市人民政府药品监督管理部门汇总报国务院药品监督管理部门批准后，向定点生产企业购买。

药品生产企业需要以第二类精神药品为原料生产普通药品的，应当将年度需求计划报所在地省、自治区、直辖市人民政府药品监督管理部门，并向定点批发企业或者定点生产企业购买。

第三十五条 食品、食品添加剂、化妆品、油漆等非药品生产企业需要使用咖啡因作为原料的，应当经所在地省、自治区、直辖市人民政府药品监督管理部门批准，向定点批发企业或者定点生产企业购买。

科学研究、教学单位需要使用麻醉药品和精神药品开展实验、教学活动的，应当经所在地省、自治区、直辖市人民政府药品监督管理部门批准，向定点批发企业或者定点生产企业购买。

需要使用麻醉药品和精神药品的标准品、对照品的，应当经所在地省、自治区、直辖市人民政府药品监督管理部门批准，向国务院药品监督管理部门批准的单位购买。

第三十六条 医疗机构需要使用麻醉药品和第一类精神药品的，应当经所在地设区的市级人民政府卫生主管部门批准，取得麻醉药品、第一类精神药品购用印鉴卡（以下称印鉴卡）。医疗机构应当凭印鉴卡向本省、自治区、直辖市行政区域内的定点批发企业购买麻醉药品和第一类精神药品。

设区的市级人民政府卫生主管部门发给医疗机构印鉴卡时，

应当将取得印鉴卡的医疗机构情况抄送所在地设区的市级药品监督管理部门,并报省、自治区、直辖市人民政府卫生主管部门备案。省、自治区、直辖市人民政府卫生主管部门应当将取得印鉴卡的医疗机构名单向本行政区域内的定点批发企业通报。

第三十七条 医疗机构取得印鉴卡应当具备下列条件:

(一) 有专职的麻醉药品和第一类精神药品管理人员;

(二) 有获得麻醉药品和第一类精神药品处方资格的执业医师;

(三) 有保证麻醉药品和第一类精神药品安全储存的设施和管理制度。

第三十八条 医疗机构应当按照国务院卫生主管部门的规定,对本单位执业医师进行有关麻醉药品和精神药品使用知识的培训、考核,经考核合格的,授予麻醉药品和第一类精神药品处方资格。执业医师取得麻醉药品和第一类精神药品的处方资格后,方可在本医疗机构开具麻醉药品和第一类精神药品处方,但不得为自己开具该种处方。

医疗机构应当将具有麻醉药品和第一类精神药品处方资格的执业医师名单及其变更情况,定期报送所在地设区的市级人民政府卫生主管部门,并抄送同级药品监督管理部门。

医务人员应当根据国务院卫生主管部门制定的临床应用指导原则,使用麻醉药品和精神药品。

第三十九条 具有麻醉药品和第一类精神药品处方资格的执业医师,根据临床应用指导原则,对确需使用麻醉药品或者第一类精神药品的患者,应当满足其合理用药需求。在医疗机构就诊的癌症疼痛患者和其他危重患者得不到麻醉药品或者第一类精神药品时,患者或者其亲属可以向执业医师提出申请。具有麻醉药品和第一类精神药品处方资格的执业医师认为要求合理的,应当及时为患者提供所需麻醉药品或者第一类精神药品。

第四十条 执业医师应当使用专用处方开具麻醉药品和精神药品，单张处方的最大用量应当符合国务院卫生主管部门的规定。

对麻醉药品和第一类精神药品处方，处方的调配人、核对人应当仔细核对，签署姓名，并予以登记；对不符合本条例规定的，处方的调配人、核对人应当拒绝发药。

麻醉药品和精神药品专用处方的格式由国务院卫生主管部门规定。

第四十一条 医疗机构应当对麻醉药品和精神药品处方进行专册登记，加强管理。麻醉药品处方至少保存3年，精神药品处方至少保存2年。

第四十二条 医疗机构抢救病人急需麻醉药品和第一类精神药品而本医疗机构无法提供时，可以从其他医疗机构或者定点批发企业紧急借用；抢救工作结束后，应当及时将借用情况报所在地设区的市级药品监督管理部门和卫生主管部门备案。

第四十三条 对临床需要而市场无供应的麻醉药品和精神药品，持有医疗机构制剂许可证和印鉴卡的医疗机构需要配制制剂的，应当经所在地省、自治区、直辖市人民政府药品监督管理部门批准。医疗机构配制的麻醉药品和精神药品制剂只能在本医疗机构使用，不得对外销售。

第四十四条 因治疗疾病需要，个人凭医疗机构出具的医疗诊断书、本人身份证明，可以携带单张处方最大用量以内的麻醉药品和第一类精神药品；携带麻醉药品和第一类精神药品出入境的，由海关根据自用、合理的原则放行。

医务人员为了医疗需要携带少量麻醉药品和精神药品出入境的，应当持有省级以上人民政府药品监督管理部门发放的携带麻醉药品和精神药品证明。海关凭携带麻醉药品和精神药品证明放行。

第四十五条　医疗机构、戒毒机构以开展戒毒治疗为目的，可以使用美沙酮或者国家确定的其他用于戒毒治疗的麻醉药品和精神药品。具体管理办法由国务院药品监督管理部门、国务院公安部门和国务院卫生主管部门制定。

第五章　储　存

第四十六条　麻醉药品药用原植物种植企业、定点生产企业、全国性批发企业和区域性批发企业以及国家设立的麻醉药品储存单位，应当设置储存麻醉药品和第一类精神药品的专库。该专库应当符合下列要求：

（一）安装专用防盗门，实行双人双锁管理；

（二）具有相应的防火设施；

（三）具有监控设施和报警装置，报警装置应当与公安机关报警系统联网。

全国性批发企业经国务院药品监督管理部门批准设立的药品储存点应当符合前款的规定。

麻醉药品定点生产企业应当将麻醉药品原料药和制剂分别存放。

第四十七条　麻醉药品和第一类精神药品的使用单位应当设立专库或者专柜储存麻醉药品和第一类精神药品。专库应当设有防盗设施并安装报警装置；专柜应当使用保险柜。专库和专柜应当实行双人双锁管理。

第四十八条　麻醉药品药用原植物种植企业、定点生产企业、全国性批发企业和区域性批发企业、国家设立的麻醉药品储存单位以及麻醉药品和第一类精神药品的使用单位，应当配备专人负责管理工作，并建立储存麻醉药品和第一类精神药品的专用账册。

药品入库双人验收，出库双人复核，做到账物相符。专用账册的保存期限应当自药品有效期期满之日起不少于5年。

第四十九条 第二类精神药品经营企业应当在药品库房中设立独立的专库或者专柜储存第二类精神药品，并建立专用账册，实行专人管理。专用账册的保存期限应当自药品有效期期满之日起不少于5年。

第六章 运 输

第五十条 托运、承运和自行运输麻醉药品和精神药品的，应当采取安全保障措施，防止麻醉药品和精神药品在运输过程中被盗、被抢、丢失。

第五十一条 通过铁路运输麻醉药品和第一类精神药品的，应当使用集装箱或者铁路行李车运输，具体办法由国务院药品监督管理部门会同国务院铁路主管部门制定。

没有铁路需要通过公路或者水路运输麻醉药品和第一类精神药品的，应当由专人负责押运。

第五十二条 托运或者自行运输麻醉药品和第一类精神药品的单位，应当向所在地设区的市级药品监督管理部门申请领取运输证明。运输证明有效期为1年。

运输证明应当由专人保管，不得涂改、转让、转借。

第五十三条 托运人办理麻醉药品和第一类精神药品运输手续，应当将运输证明副本交付承运人。承运人应当查验、收存运输证明副本，并检查货物包装。没有运输证明或者货物包装不符合规定的，承运人不得承运。

承运人在运输过程中应当携带运输证明副本，以备查验。

第五十四条 邮寄麻醉药品和精神药品，寄件人应当提交所在地设区的市级药品监督管理部门出具的准予邮寄证明。邮政营业机构应当查验、收存准予邮寄证明;没有准予邮寄证明的,邮政营业机构不得收寄。

省、自治区、直辖市邮政主管部门指定符合安全保障条件的邮政营业机构负责收寄麻醉药品和精神药品。邮政营业机构收寄麻醉药品和精神药品,应当依法对收寄的麻醉药品和精神药品予以查验。

邮寄麻醉药品和精神药品的具体管理办法,由国务院药品监督管理部门会同国务院邮政主管部门制定。

第五十五条 定点生产企业、全国性批发企业和区域性批发企业之间运输麻醉药品、第一类精神药品,发货人在发货前应当向所在地省、自治区、直辖市人民政府药品监督管理部门报送本次运输的相关信息。属于跨省、自治区、直辖市运输的,收到信息的药品监督管理部门应当向收货人所在地的同级药品监督管理部门通报;属于在本省、自治区、直辖市行政区域内运输的,收到信息的药品监督管理部门应当向收货人所在地设区的市级药品监督管理部门通报。

第七章 审批程序和监督管理

第五十六条 申请人提出本条例规定的审批事项申请,应当提交能够证明其符合本条例规定条件的相关资料。审批部门应当自收到申请之日起40日内作出是否批准的决定;作出批准决定的,发给许可证明文件或者在相关许可证明文件上加注许可事项;作出不予批准决定的,应当书面说明理由。

确定定点生产企业和定点批发企业,审批部门应当在经审查符合条件的企业中,根据布局的要求,通过公平竞争的方式初步确定定点生产企业和定点批发企业，并予公布。其他符合条件的企业可以自公布之日起10日内向审批部门提出异议。审批部门应当自收到异议之日起20日内对异议进行审查，并作出是否调整的决定。

第五十七条 药品监督管理部门应当根据规定的职责权限，对麻醉药品药用原植物的种植以及麻醉药品和精神药品的实验研究、生产、经营、使用、储存、运输活动进行监督检查。

第五十八条 省级以上人民政府药品监督管理部门根据实际情况建立监控信息网络，对定点生产企业、定点批发企业和使用单位的麻醉药品和精神药品生产、进货、销售、库存、使用的数量以及流向实行实时监控，并与同级公安机关做到信息共享。

第五十九条 尚未连接监控信息网络的麻醉药品和精神药品定点生产企业、定点批发企业和使用单位，应当每月通过电子信息、传真、书面等方式，将本单位麻醉药品和精神药品生产、进货、销售、库存、使用的数量以及流向，报所在地设区的市级药品监督管理部门和公安机关；医疗机构还应当报所在地设区的市级人民政府卫生主管部门。

设区的市级药品监督管理部门应当每3个月向上一级药品监督管理部门报告本地区麻醉药品和精神药品的相关情况。

第六十条 对已经发生滥用，造成严重社会危害的麻醉药品和精神药品品种，国务院药品监督管理部门应当采取在一定期限内中止生产、经营、使用或者限定其使用范围和用途等措施。对不再作为药品使用的麻醉药品和精神药品，国务院药品监督管理部门应当撤销其药品批准文号和药品标准，并予以公布。

药品监督管理部门、卫生主管部门发现生产、经营企业和使用单位的麻醉药品和精神药品管理存在安全隐患时，应当责令其立即排除或者限期排除；对有证据证明可能流入非法渠道的，应当及时采取查封、扣押的行政强制措施，在7日内作出行政处理决定，并通报同级公安机关。

药品监督管理部门发现取得印鉴卡的医疗机构未依照规定购买麻醉药品和第一类精神药品时，应当及时通报同级卫生主管部门。接到通报的卫生主管部门应当立即调查处理。必要时，药品监督管理部门可以责令定点批发企业中止向该医疗机构销售麻醉药品和第一类精神药品。

第六十一条 麻醉药品和精神药品的生产、经营企业和使用单位对过期、损坏的麻醉药品和精神药品应当登记造册，并向所在地县级药品监督管理部门申请销毁。药品监督管理部门应当自接到申请之日起5日内到场监督销毁。医疗机构对存放在本单位的过期、损坏麻醉药品和精神药品，应当按照本条规定的程序向卫生主管部门提出申请，由卫生主管部门负责监督销毁。

对依法收缴的麻醉药品和精神药品，除经国务院药品监督管理部门或者国务院公安部门批准用于科学研究外，应当依照国家有关规定予以销毁。

第六十二条 县级以上人民政府卫生主管部门应当对执业医师开具麻醉药品和精神药品处方的情况进行监督检查。

第六十三条 药品监督管理部门、卫生主管部门和公安机关应当互相通报麻醉药品和精神药品生产、经营企业和使用单位的名单以及其他管理信息。

各级药品监督管理部门应当将在麻醉药品药用原植物的种植以及麻醉药品和精神药品的实验研究、生产、经营、使用、储存、运输等各环节的管理中的审批、撤销等事项通报同级公安机关。

麻醉药品和精神药品的经营企业、使用单位报送各级药品监督管理部门的备案事项，应当同时报送同级公安机关。

第六十四条 发生麻醉药品和精神药品被盗、被抢、丢失或者其他流入非法渠道的情形的，案发单位应当立即采取必要的控制措施，同时报告所在地县级公安机关和药品监督管理部门。医疗机构发生上述情形的，还应当报告其主管部门。

公安机关接到报告、举报，或者有证据证明麻醉药品和精神药品可能流入非法渠道时，应当及时开展调查，并可以对相关单位采取必要的控制措施。

药品监督管理部门、卫生主管部门以及其他有关部门应当配合公安机关开展工作。

第八章　法律责任

第六十五条　药品监督管理部门、卫生主管部门违反本条例的规定，有下列情形之一的，由其上级行政机关或者监察机关责令改正；情节严重的，对直接负责的主管人员和其他直接责任人员依法给予行政处分；构成犯罪的，依法追究刑事责任：

（一）对不符合条件的申请人准予行政许可或者超越法定职权作出准予行政许可决定的；

（二）未到场监督销毁过期、损坏的麻醉药品和精神药品的；

（三）未依法履行监督检查职责，应当发现而未发现违法行为、发现违法行为不及时查处，或者未依照本条例规定的程序实施监督检查的；

（四）违反本条例规定的其他失职、渎职行为。

第六十六条　麻醉药品药用原植物种植企业违反本条例的规定，有下列情形之一的，由药品监督管理部门责令限期改正，给予警告；逾期不改正的，处5万元以上10万元以下的罚款；情节严重的，取消其种植资格：

（一）未依照麻醉药品药用原植物年度种植计划进行种植的；

（二）未依照规定报告种植情况的；

（三）未依照规定储存麻醉药品的。

第六十七条 定点生产企业违反本条例的规定，有下列情形之一的，由药品监督管理部门责令限期改正，给予警告，并没收违法所得和违法销售的药品；逾期不改正的，责令停产，并处 5 万元以上 10 万元以下的罚款；情节严重的，取消其定点生产资格：

（一）未按照麻醉药品和精神药品年度生产计划安排生产的；

（二）未依照规定向药品监督管理部门报告生产情况的；

（三）未依照规定储存麻醉药品和精神药品，或者未依照规定建立、保存专用账册的；

（四）未依照规定销售麻醉药品和精神药品的；

（五）未依照规定销毁麻醉药品和精神药品的。

第六十八条 定点批发企业违反本条例的规定销售麻醉药品和精神药品，或者违反本条例的规定经营麻醉药品原料药和第一类精神药品原料药的，由药品监督管理部门责令限期改正，给予警告，并没收违法所得和违法销售的药品；逾期不改正的，责令停业，并处违法销售药品货值金额 2 倍以上 5 倍以下的罚款；情节严重的，取消其定点批发资格。

第六十九条 定点批发企业违反本条例的规定，有下列情形之一的，由药品监督管理部门责令限期改正，给予警告；逾期不改正的，责令停业，并处 2 万元以上 5 万元以下的罚款；情节严重的，取消其定点批发资格：

（一）未依照规定购进麻醉药品和第一类精神药品的；

（二）未保证供药责任区域内的麻醉药品和第一类精神药品的供应的；

（三）未对医疗机构履行送货义务的；

（四）未依照规定报告麻醉药品和精神药品的进货、销售、库存数量以及流向的；

（五）未依照规定储存麻醉药品和精神药品，或者未依照规定建立、保存专用账册的；

（六）未依照规定销毁麻醉药品和精神药品的；

（七）区域性批发企业之间违反本条例的规定调剂麻醉药品和第一类精神药品，或者因特殊情况调剂麻醉药品和第一类精神药品后未依照规定备案的。

第七十条　第二类精神药品零售企业违反本条例的规定储存、销售或者销毁第二类精神药品的，由药品监督管理部门责令限期改正，给予警告，并没收违法所得和违法销售的药品；逾期不改正的，责令停业，并处 5000 元以上 2 万元以下的罚款；情节严重的，取消其第二类精神药品零售资格。

第七十一条　本条例第三十四条、第三十五条规定的单位违反本条例的规定，购买麻醉药品和精神药品的，由药品监督管理部门没收违法购买的麻醉药品和精神药品，责令限期改正，给予警告；逾期不改正的，责令停产或者停止相关活动，并处 2 万元以上 5 万元以下的罚款。

第七十二条　取得印鉴卡的医疗机构违反本条例的规定，有下列情形之一的，由设区的市级人民政府卫生主管部门责令限期改正，给予警告；逾期不改正的，处 5000 元以上 1 万元以下的罚款；情节严重的，吊销其印鉴卡；对直接负责的主管人员和其他直接责任人员，依法给予降级、撤职、开除的处分：

（一）未依照规定购买、储存麻醉药品和第一类精神药品的；

（二）未依照规定保存麻醉药品和精神药品专用处方，或者未依照规定进行处方专册登记的；

（三）未依照规定报告麻醉药品和精神药品的进货、库存、使用数量的；

（四）紧急借用麻醉药品和第一类精神药品后未备案的；

（五）未依照规定销毁麻醉药品和精神药品的。

第七十三条 具有麻醉药品和第一类精神药品处方资格的执业医师，违反本条例的规定开具麻醉药品和第一类精神药品处方，或者未按照临床应用指导原则的要求使用麻醉药品和第一类精神药品的，由其所在医疗机构取消其麻醉药品和第一类精神药品处方资格；造成严重后果的，由原发证部门吊销其执业证书。执业医师未按照临床应用指导原则的要求使用第二类精神药品或者未使用专用处方开具第二类精神药品，造成严重后果的，由原发证部门吊销其执业证书。

未取得麻醉药品和第一类精神药品处方资格的执业医师擅自开具麻醉药品和第一类精神药品处方，由县级以上人民政府卫生主管部门给予警告，暂停其执业活动；造成严重后果的，吊销其执业证书；构成犯罪的，依法追究刑事责任。

处方的调配人、核对人违反本条例的规定未对麻醉药品和第一类精神药品处方进行核对，造成严重后果的，由原发证部门吊销其执业证书。

第七十四条 违反本条例的规定运输麻醉药品和精神药品的，由药品监督管理部门和运输管理部门依照各自职责，责令改正，给予警告，处2万元以上5万元以下的罚款。

收寄麻醉药品、精神药品的邮政营业机构未依照本条例的规定办理邮寄手续的，由邮政主管部门责令改正，给予警告；造成麻醉药品、精神药品邮件丢失的，依照邮政法律、行政法规的规定处理。

第七十五条 提供虚假材料、隐瞒有关情况，或者采取其他欺骗手段取得麻醉药品和精神药品的实验研究、生产、经营、使用资格的,由原审批部门撤销其已取得的资格,5年内不得提出有关麻醉药品和精神药品的申请;情节严重的,处1万元以上3万元以下的罚款,有药品生产许可证、药品经营许可证、医疗机构执业许可证的,依法吊销其许可证明文件。

第七十六条 药品研究单位在普通药品的实验研究和研制过程中,产生本条例规定管制的麻醉药品和精神药品,未依照本条例的规定报告的,由药品监督管理部门责令改正,给予警告,没收违法药品;拒不改正的,责令停止实验研究和研制活动。

第七十七条 药物临床试验机构以健康人为麻醉药品和第一类精神药品临床试验的受试对象的,由药品监督管理部门责令停止违法行为,给予警告;情节严重的,取消其药物临床试验机构的资格;构成犯罪的,依法追究刑事责任。对受试对象造成损害的,药物临床试验机构依法承担治疗和赔偿责任。

第七十八条 定点生产企业、定点批发企业和第二类精神药品零售企业生产、销售假劣麻醉药品和精神药品的,由药品监督管理部门取消其定点生产资格、定点批发资格或者第二类精神药品零售资格,并依照药品管理法的有关规定予以处罚。

第七十九条 定点生产企业、定点批发企业和其他单位使用现金进行麻醉药品和精神药品交易的,由药品监督管理部门责令改正,给予警告,没收违法交易的药品,并处5万元以上10万元以下的罚款。

第八十条 发生麻醉药品和精神药品被盗、被抢、丢失案件的单位,违反本条例的规定未采取必要的控制措施或者未依照本条例的规定报告的,由药品监督管理部门和卫生主管部门依照各自职责,责令改正,给予警告;情节严重的,处5000元以上1万元以下的罚款;有上级主管部门的,由其上级主管部门对直接负责的主管人员和其他直接责任人员,依法给予降级、撤职的处分。

第八十一条　依法取得麻醉药品药用原植物种植或者麻醉药品和精神药品实验研究、生产、经营、使用、运输等资格的单位，倒卖、转让、出租、出借、涂改其麻醉药品和精神药品许可证明文件的，由原审批部门吊销相应许可证明文件，没收违法所得；情节严重的，处违法所得2倍以上5倍以下的罚款；没有违法所得的，处2万元以上5万元以下的罚款；构成犯罪的，依法追究刑事责任。

第八十二条　违反本条例的规定，致使麻醉药品和精神药品流入非法渠道造成危害，构成犯罪的，依法追究刑事责任；尚不构成犯罪的，由县级以上公安机关处5万元以上10万元以下的罚款；有违法所得的，没收违法所得；情节严重的，处违法所得2倍以上5倍以下的罚款；由原发证部门吊销其药品生产、经营和使用许可证明文件。

药品监督管理部门、卫生主管部门在监督管理工作中发现前款规定情形的，应当立即通报所在地同级公安机关，并依照国家有关规定，将案件以及相关材料移送公安机关。

第八十三条　本章规定由药品监督管理部门作出的行政处罚，由县级以上药品监督管理部门按照国务院药品监督管理部门规定的职责分工决定。

第九章　附　则

第八十四条　本条例所称实验研究是指以医疗、科学研究或者教学为目的的临床前药物研究。

经批准可以开展与计划生育有关的临床医疗服务的计划生育技术服务机构需要使用麻醉药品和精神药品的，依照本条例有关医疗机构使用麻醉药品和精神药品的规定执行。

第八十五条　麻醉药品目录中的罂粟壳只能用于中药饮片和中成药的生产以及医疗配方使用。具体管理办法由国务院药品监督管理部门另行制定。

第八十六条　生产含麻醉药品的复方制剂，需要购进、储存、使用麻醉药品原料药的，应当遵守本条例有关麻醉药品管理的规定。

第八十七条　军队医疗机构麻醉药品和精神药品的供应、使用，由国务院药品监督管理部门会同中国人民解放军总后勤部依据本条例制定具体管理办法。

第八十八条　对动物用麻醉药品和精神药品的管理，由国务院兽医主管部门会同国务院药品监督管理部门依据本条例制定具体管理办法。

第八十九条　本条例自2005年11月1日起施行。1987年11月28日国务院发布的《麻醉药品管理办法》和1988年12月27日国务院发布的《精神药品管理办法》同时废止。

附　录

麻醉药品、第一类精神药品管理实施细则

（本文为参考资料）

为加强和规范麻醉药品、第一类精神药品使用管理，保证临床合理需求，严防麻醉药品、第一类精神药品流入非法渠道，确保医疗安全。根据《麻醉药品和精神药品管理条例》及《医疗机构麻醉药品、第一类精神药品管理规定》，结合本院实际，制定《麻醉药品、第一类精神药品管理实施细则》。

一、医务科负责麻醉药品、第一类精神药品使用的监督管理工作。药剂科负责麻醉药品、第一类精神药品日常管理工作。

二、成立领导小组，工作职责：

（一）麻醉药品、第一类精神药品管理，将列入年度目标责任制考核。

（二）建立完善麻醉药品、第一类精神药品使用专项检查制度。

（三）定期组织检查，做好检查记录，及时纠正存在的问题和隐患。

（四）建立完善麻醉药品、第一类精神药品的采购、验收、储存、保管、发放、调配、使用、报残损、销毁、丢失及被盗案件

报告、值班巡查等制度，制定各岗位人员职责。

（五）组织学习与麻醉、精神药品相关的法律、法规、规定；

（六）监督检查麻醉药品、第一类精神药品使用和安全管理工作。

（七）医疗机构应当定期对涉及麻醉药品、第一类精神药品的管理、药学、医护人员进行有关法律、法规、规定、专业知识、职业道德的教育和培训。

三、麻醉药品、第一类精神药品处方的开具

（一）执业医师经培训、考核合格后，取得麻醉药品、第一类精神药品处方资格。处方医师不得为他人开具不符合规定的处方或者为自己开具麻醉药品、第一类精神药品处方。

（二）癌症疼痛患者和中、重度慢性疼痛患者在我院首次开具麻醉药品、第一类精神药品时，处方医生必须亲自诊查患者，必须留存患者身份证明复印件，必须要求其签署《知情同意书》，必须书写病历。急诊急救情况不受此限制。

（三）麻醉药品注射剂仅限于医疗机构内使用，或者由医疗机构派医务人员出诊至患者家中使用；麻醉药品非注射剂型和第一类精神药品需要带出医疗机构外使用时，具有处方权的医师在患者或者其代办人出示下列材料后方可开具，同时应当在患者门诊病历中留存代办人员身份证明复印件。

1. 能够证明需要使用麻醉药品、精神药品的患者病历资料；

2. 患者户籍簿或身份证或者其他相关身份证明；

3. 代办人员身份证明。

（四）开具麻醉药品、第一类精神药品使用"麻、精一"处方，处方内容应书写完整、字迹清晰，写明患者姓名、性别、年龄、身份证明编号、科别、

疾病名称、开具日期（麻醉药品、第一类精神药品请具体到

时、分）等内容，如为代办人应写明代办人姓名及身份证明编号。

（五）每次开具麻醉药品、第一类精神药品处方后，应当在病历中书写用药记录，处方医生开具处方前应查对患者病历上的麻醉、精一药品使用记录，严防非法骗取、冒领或囤积麻醉、精一药品。

（六）门诊患者麻醉药品、第一类、第二类精神药品注射剂，每张处方为一次用量；控缓释制剂，每张处方不超过7日常用量；其他剂型，每张处方不得超过3日用量。第二类精神药品非注射剂处方不得超过7日用量。为门（急）诊癌症疼痛患者和中、重度慢性疼痛患者开具的麻醉药品、第一类精神药品注射剂，每张处方不得超过3日常用量；控缓释制剂，每张处方不得超过15日常用量；其他剂型，每张处方不得超过7日常用量。

（七）住院患者必须凭处方取药，为住院患者开具的麻醉药品和第一类精神药品处方应当逐日开具，每张处方为1日常用量。

（八）处方医生应严格按照《麻醉药品临床应用指导原则》使用麻醉药品，对癌症患者使用麻醉药品，在用药剂量和次数上可放宽，每张处方日用量原则上不超过《麻醉药品最大日用量表》用量，如因病情确需超出，处方医生必须双签名。

（九）为使用麻醉药品非注射剂型和精神药品的患者建立随诊或者复诊制度，并将随诊或者复诊情况记入病历。

四、药库麻醉药品、第一类精神药品的采购、储存、发放、报损等实施细则

（一）根据本院临床需要，按照有关规定购进麻醉药品、第一类精神药品，保持合理库存。购买药品付款应当采取银行转帐方式。

（二）麻醉药品、第一类精神药品药品入库验收必须货到即验，至少双人开箱验收，清点验收到最小包装，验收记录双人签

字。入库验收应当采用专簿记录，内容包括：日期、凭证号、品名、剂型、规格、单位、数量、批号、有效期、生产单位、供货单位、质量情况、验收和保管人员签字。

（三）在验收中发现缺少、缺损的麻醉药品、第一类精神药品应当双人清点登记，报医疗机构负责人批准并加盖公章后向供货单位查询、处理。

（四）储存麻醉、精神药品库必须配备保险柜，门、窗有防盗设施，安装报警装置。麻醉药品、第一类精神药品库应当实行专人负责、专库加锁

（五）麻醉药品、第一类精神药品应建立专用帐册，进出逐笔记录，内容包括：日期、凭证号、领用部门、品名、剂型、规格、单位、数量、批号、有效期、发药人、复核人和领用签字，做到帐、物、批号相符。

（六）药库应当对麻醉药品、第一类精神药品处方统一编号，计数管理。

（七）对收回的麻醉药品、第一类精神药品注射剂空安瓿、废贴，安排专人负责计数、监督销毁，并作记录。

（八）对过期、损坏麻醉药品、第一类精神药品进行销毁时，应当向卫生行政部门提出申请，在卫生行政部门监督下进行销毁，并对销毁情况进行登记。

五、药房麻醉药品、第一类精神药品的调配和发放实施细则

（一）药房包括急诊西药房、病区药房，设有麻醉药品、第一类精神药品周转柜，应当必须配备保险柜，做好防盗措施。

（二）麻醉药品、第一类精神药品库存不得超过规定的数量，周转柜应每天清点交接。

（三）门诊药房固定发药窗口，有明显标识，由专人负责麻醉药品、第一类精神药品调配。

（四）处方的审核、调配、核发人员应当仔细核对麻醉药品、第一类精神药品处方，签署姓名，登记发出药品批号。患者或代办人取药时，应核对患者或代办人的相关身份证明，取药人只能是患者或代办人，并在取药人一栏签名后才能发药。对不符合规定的麻醉药品、第一类精神药品处方，拒绝发药。

（五）使用麻醉药品、第一类精神药品注射剂或者贴剂的，药师应当告知患者或代办人将使用过的空安瓿或者贴剂收回，并记录收回的数量，交还药库由专人负责计数、监督销毁并作记录。

（六）药房应对麻醉药品、第一类精神药品处方进行专册登记，内容包括：患者（代办人）姓名、性别、年龄、身份证明编号、病历号、疾病名称、药品名称、规格、数量、处方医师、处方编号、处方日期、发药人、复核人。专用帐册的保存应当在药品有效期满后不少于2年，处方保存3年。

六、科室麻醉药品、第一类精神药品的使用实施细则

（一）住院部麻醉科。

（二）麻醉药品、第一类精神药品库存不得超过规定的数量，应当配备必要的防盗设施，应当指定专人负责，明确责任，交接班应当有记录。

（三）负责使用麻醉药品、第一类精神药品注射剂的执行护士应在麻醉处方上取药人一栏签名、并登记药品批号，应收回空安瓿，核对批号和数量，并作记录。住院患者的口服麻醉药品应由护士按每次口服剂量直接发放到患者手中，监督患者口服。

（四）癌症患者不再使用麻醉药品、第一类精神药品时，应当要求患者将剩余的麻醉药品、第一类精神药品无偿交回，药剂科按照规定销毁处理

七、发现下列情况，应当立即向医务科、药剂科报告

（一）在储存、保管过程中发生麻醉药品、第一类精神药品丢

失或者被盗、被抢的；

（二）发现骗取或者冒领麻醉药品、第一类精神药品的。

（三）个别患者存在超剂量、多处方开具麻醉、精一药品的异常现象。

医务科、药剂科在接到上报后应进一步核实情况，如发现存在非法骗取、冒领或囤积麻醉药品、第一类精神药品现象，按相关规定收回麻醉药品、第一类精神药品，并作院内通报，停止为该患者开具和提供麻醉药品、第一类精神药品。同时向卫生行政部门、公安机关、药品监督管理部门报告。

八、第二类精神药品管理制度

（一）采购与验收：根据临床用药需求制定采购计划。从药品监督管理部门批准的具有第二类精神药品经营资质企业购买。购入后，双人验收、清点药品数量、检查药品质量。

（二）遵循专用处方和用量要求；处方至少保存 2 年。

（三）单张处方超过规定用量的特殊情况，必须由处方医师注明理由并双签字后，方可调配。对于用药不合理的处方，西药房应拒绝调配。

（四）西药房应根据第二类精神药品处方开具情况，按品种、规格对其消耗量进行专册登记。

（五）对过期、损坏的药品要登记造册，单独保存、明显标示，定期向卫生局申报销毁。

癌症患者申办麻醉药品专用卡的规定

关于印发《癌症患者申办麻醉药品
专用卡的规定》的通知
国药监安〔2002〕199号

各省、自治区、直辖市药品监督管理局,卫生厅(局):

为更好地满足癌症疼痛患者对麻醉药品的需要,同时防止麻醉药品流入非法渠道,现将修订后的《癌症患者申办麻醉药品专用卡的规定》印发给你们,请尽快转发至各医疗机构,本规定自2002年9月1日起实施。

1994年卫生部发布的《癌症病人申领麻醉药品专用卡的规定》(卫药发〔1994〕第8号)同时废止。

特此通知。

国家药品监督管理局
中华人民共和国卫生部
2002年05月28日

第一章 总 则

第一条 为提高癌症患者的生活质量,充分满足癌症疼痛患者对麻醉药品的需要,同时防止流入非法渠道,根据《麻醉药品管理办法》、《精神药品管理办法》制定本规定。

第二条 癌症患者因镇痛需长期使用麻醉药品、一类精神药品（以下简称麻醉药品）时，实行核发"麻醉药品专用卡"（以下简称"专用卡"）制度。

第三条 县以上（含县，以下同）药品监督管理部门负责本规定的实施。县以上卫生行政部门在职责范围内负责实施本规定。

第二章 专用卡的申领

第四条 "专用卡"由县以上药品监督管理部门会同同级卫生行政部门认定的二级以上（含二级，以下同）医疗机构核发，亦可由县以上药品监督管理部门直接核发。

第五条 癌症患者申办"专用卡"时，应提供以下材料：

（一）第四条规定的医疗机构的诊断证明书（诊断证明书应载明诊断情况、疼痛程度和建议使用的麻醉药品类别等）；

（二）患者本人的户口簿；

（三）患者本人的身份证；

（四）由患者亲属或监护人代办"专用卡"的，还应提供代办人的身份证。

第六条 异地诊治的癌症患者申办"专用卡"，应提供诊断证明书、本人身份证、户口簿或暂住证明（暂住街道办事处证明信或癌症患者亲友工作单位出示的暂住证明亦可）。

第七条 凭"专用卡"一般不能使用注射剂。因病情需要确需使用麻醉药品注射剂的患者，需凭具有主治医师以上技术职务任职资格的执业医师开具的诊断证明书，报所在地县级以上药品监督管理部门备案，由备案机关在"专用卡"上注明"可供应麻醉药品注射剂"并加盖公章后方可供应。

第八条 申办"专用卡"时，癌症患者或代办"专用卡"的亲属或监护人应签署"癌症患者使用麻醉药品专用卡知情同意书"，并保证严格遵守有关条款。

第九条 发卡机构办理"专用卡"时，要严格审核，应建立"专用卡"发放情况档案。

第三章 麻醉药品的供应

第十条 患者应在具有麻醉药品使用资格的医疗机构，凭"专用卡"和具有麻醉药品处方权的执业医师开具的处方取药。发药部门应详细记录发药时间及数量。

第十一条 执业医师应遵循癌症三阶梯止痛指导原则，充分满足患者镇痛需求，同时要严格掌握药品适应症，遵守"专用卡"管理的有关规定。

执业医师开具麻醉药品处方时，应建立完整的存档病历，详细记录患者病情、疼痛控制情况、药品的名称和数量。

第十二条 麻醉药品注射剂处方一次不超过三日用量，麻醉药品控（缓）释制剂处方一次不超过十五日用量，其他剂型的麻醉药品处方一次不超过七日用量。

第十三条 使用麻醉药品注射剂或贴剂的患者，再次领药时须将空安瓿或用过的贴剂交回。

第十四条 各级药品监督管理部门、卫生行政部门和医疗机构不得违反本规定，另行制定限制患者正常使用麻醉药品的管理措施。

第四章 专用卡的管理

第十五条 "专用卡"的有效期为两个月。

第十六条 "专用卡"使用期满后需继续使用的，可更换新卡。

更换"专用卡"除不要求诊断证明书外，应按办新卡的要求重新审核。连续使用麻醉药品 6 个月后，再次更换新卡时，须提供医疗机构的复诊证明。

第十七条 供应麻醉药品的医疗机构应对使用麻醉药品注射剂的患者建立随诊制度,并建立随诊记录。

使用麻醉药品注射剂的患者每次更换新卡时,须凭医疗机构的随诊记录和复诊证明,到当地药品监督管理部门办理有关手续。

第十八条 更换的旧"专用卡",由发卡机构收回存档。

第十九条 "专用卡"丢失的,应到原发卡机构注销原"专用卡",并补办新卡。

第二十条 患者不再使用麻醉药品时,患者亲属或监护人应及时到发卡机构办理注销手续,并交回剩余麻醉药品。

交回的剩余麻醉药品由发卡机构按规定销毁。

第五章 附 则

第二十一条 其他危重患者(如艾滋病、截瘫病患者等)确需使用麻醉药品止痛时,可按本规定申领"专用卡"。

第二十二条 解放军、武警部队癌症患者申办"专用卡"的规定由解放军总后勤部卫生部、武警部队后勤部卫生部根据本规定制定具体的管理规定。

第二十三条 医疗机构发现骗取或冒领麻醉药品者,应及时向所在地公安、药品监督管理和卫生行政部门报告。

第二十四条 各省、自治区、直辖市药品监督管理局应依照本地的具体情况,与同级卫生行政部门共同制定本规定的实施细则。

第二十五条 "专用卡"由各省、自治区、直辖市药品监督管理局统一印制。

第二十五条 本规定由国家药品监督管理局和卫生部共同负责解释。

第二十六条 本规定自2002年9月1日起实施。

麻醉药品和精神药品生产管理办法(试行)

关于印发《麻醉药品和精神药品生产管理办法(试行)》的通知
国食药监安〔2005〕528号

各省、自治区、直辖市食品药品监督管理局(药品监督管理局):

为加强麻醉药品和精神药品生产管理,确保安全,根据《麻醉药品和精神药品管理条例》,我局制定了《麻醉药品和精神药品生产管理办法(试行)》,现印发给你们。请将本办法通知到行政区域内有关麻醉药品药用原植物种植单位以及麻醉药品和精神药品生产企业,并遵照执行。

本办法自发布之日起施行。

本办法施行前已经批准从事麻醉药品和精神药品生产的企业,应当自本办法施行之日起6个月内,依照本办法规定的程序申请办理定点生产手续。

国家食品药品监督管理局
2005年10月31日

第一章 总 则

第一条 为严格麻醉药品和精神药品生产管理,根据《麻醉药品和精神药品管理条例》,制定本办法。

第二条 申请麻醉药品和精神药品定点生产、生产计划以及麻醉药品和精神药品生产的安全管理、销售管理等活动,适用本办法。

第二章 定点生产

第三条 国家食品药品监督管理局按照合理布局、总量控制的原则,通过公平竞争确定麻醉药品和精神药品定点生产企业。

第四条 申请麻醉药品、第一类精神药品和第二类精神药品原料药定点生产,应当按照品种向所在地省、自治区、直辖市药品监督管理部门提出申请,填写《药品生产企业申报麻醉药品、精神药品定点生产申请表》(附件1),并报送有关资料(附件2)。省、自治区、直辖市药品监督管理部门应当在5日内对资料进行审查,决定是否受理。受理的,应当在20日内进行审查,必要时组织现场检查,符合要求的出具审查意见,连同企业申报资料报国家食品药品监督管理局,并通知申请人。国家食品药品监督管理局应当于20日内进行审查,做出是否批准的决定。批准的,发给《麻醉药品和精神药品定点生产批件》(附件3);不予批准的,应当书面说明理由。

药品生产企业接到《麻醉药品和精神药品定点生产批件》后,应当向省、自治区、直辖市药品监督管理部门提出变更生产范围申请。省、自治区、直辖市药品监督管理部门应当根据《麻醉药品和精神药品定点生产批件》，在《药品生产许可证》正本上标注类别、副本上在类别后括弧内标注药品名称。

第五条 申请第二类精神药品制剂定点生产，应当向所在地省、自治区、直辖市药品监督管理部门提出申请，填写《药品生产企业申报麻醉药品、精神药品定点生产申请表》（附件1），并报送有关资料（附件2）。省、自治区、直辖市药品监督管理部门应当在5日内对资料进行审查，决定是否受理。受理的，应当在40日内进行审查，必要时组织现场检查，做出是否批准的决定。批准的，在《药品生产许可证》正本上标注类别、副本上在类别后括弧内标注药品名称；不予批准的，应当书面说明理由。

第六条 定点生产企业变更生产地址或新建麻醉药品和精神药品生产车间的，应当按照本办法第四条、第五条规定的程序办理。

第七条 经批准定点生产的麻醉药品、第一类精神药品和第二类精神药品原料药不得委托加工。第二类精神药品制剂可以委托加工。具体按照药品委托加工有关规定办理。

第八条 药品生产企业接受境外制药厂商的委托在中国境内加工麻醉药品或精神药品以及含麻醉药品或含精神药品复方制剂的，应当向所在地省、自治区、直辖市药品监督管理部门提出申请，填写《药品生产企业申报麻醉药品、精神药品定点生产申请表》（附件1），并报送有关资料（附件4）。

省、自治区、直辖市药品监督管理部门应当在5日内对资料进行审查，决定是否受理。受理的，应当在20日内进行审查，必要时组织现场检查，出具审查意见，连同企业申报资料报国家食品药品监督管理局。国家食品药品监督管理局应当在20日内进行审查，并进行国际核查（不计入审批时限）。批准的，发给批准文件；不予批准的，应当书面说明理由。

所加工的药品不得以任何形式在中国境内销售、使用。

第三章　生产计划

第九条　麻醉药品药用原植物种植企业应当于每年 10 月底前向国家食品药品监督管理局和农业部报送下一年度麻醉药品药用原植物种植计划。国家食品药品监督管理局会同农业部应当于每年 1 月 20 日前下达本年度麻醉药品药用原植物种植计划。

第十条　麻醉药品、第一类精神药品和第二类精神药品原料药定点生产企业以及需要使用麻醉药品、第一类精神药品为原料生产普通药品的药品生产企业，应当于每年 10 月底前向所在地省、自治区、直辖市药品监督管理部门报送下一年度麻醉药品、第一类精神药品和第二类精神药品原料药生产计划和麻醉药品、第一类精神药品需用计划，填写《麻醉药品和精神药品生产（需用）计划申请表》（附件5）。

省、自治区、直辖市药品监督管理部门应当对企业申报的生产、需用计划进行审查，填写《麻醉药品和精神药品生产（需用）计划申请汇总表》（附件6），于每年 11 月 20 日前报国家食品药品监督管理局。

国家食品药品监督管理局应当于每年 1 月 20 日前根据医疗需求和供应情况，下达本年度麻醉药品、第一类精神药品和第二类精神药品原料药生产计划和麻醉药品、第一类精神药品需用计划。

如需调整本年度生产计划和需用计划，企业应当于每年 5 月底前向所在地省、自治区、直辖市药品监督管理部门提出申请。省、自治区、直辖市药品监督管理部门应当于每年 6 月 20 日前进行审查并汇总上报国家食品药品监督管理局。国家食品药品监督管理局应当于每年 7 月 20 日前下达本年度麻醉药品、第一类精神药品和第二类精神药品原料药调整生产计划和麻醉药品、第一类精神药品调整需用计划。

第十一条 因生产需要使用第二类精神药品原料药的企业（非药品生产企业使用咖啡因除外），应当根据市场需求拟定下一年度第二类精神药品原料药需用计划（第二类精神药品制剂生产企业还应当拟定下一年度第二类精神药品制剂生产计划），于每年11月底前报所在地省、自治区、直辖市药品监督管理部门，填写《第二类精神药品原料药需用计划备案表》（附件7）。

省、自治区、直辖市药品监督管理部门应当于每年1月20日前签署备案意见。

如需调整本年度需用计划和生产计划，企业应当于每年5月底前向所在地省、自治区、直辖市药品监督管理部门提出备案申请。省、自治区、直辖市药品监督管理部门应当于每年7月20日前签署备案意见。

第十二条 首次生产麻醉药品和精神药品的，药品生产企业在取得《麻醉药品和精神药品定点生产批件》和药品批准文号后，即可按照本办法第十条或第十一条规定的程序提出申请，办理生产、需用计划。

首次申购麻醉药品和精神药品原料药用于生产普通药品的，药品生产企业在取得药品批准文号后，报送有关资料（附件8），省、自治区、直辖市药品监督管理部门应当在20日内对其进行审查和现场检查，符合规定的，即可按照本办法第十条或第十一条规定的程序办理。

非药品生产企业首次申购第二类精神药品原料药（咖啡因除外）用于生产的，应当报送有关资料（附件8），即可按照第十一条相应程序办理。

第十三条 食品、食品添加剂、化妆品、油漆等非药品生产企业需要使用咖啡因作为原料的，应当向所在地设区的市级药品监督管理机构提出购买申请，填写《咖啡因购用审批表》（附件9），并报送相关资料（附件8）。

设区的市级药品监督管理机构应当在20日内对申报资料进行审查，并按照生产安全管理基本要求组织现场检查，出具审查意见，连同企业申报资料报省、自治区、直辖市药品监督管理部门。省、自治区、直辖市药品监督管理部门应当在20日内予以审查，做出是否批准的决定。批准的，发给《咖啡因购用证明》（附件10）。

第十四条　麻醉药品药用原植物种植企业和麻醉药品、精神药品生产企业应当按照要求建立向药品监督管理部门报送信息的网络终端，及时将麻醉药品和精神药品生产、销售、库存情况通过网络上报。

第四章　安全管理

第十五条　企业法定代表人为麻醉药品、精神药品生产安全管理第一责任人。企业应当层层落实责任制，配备符合规定的生产设施、储存条件和安全管理设施，并制定相应管理制度，确保麻醉药品、精神药品的安全生产和储存。

第十六条　麻醉药品、第一类精神药品专用仓库必须位于库区建筑群之内，不靠外墙，仓库采用无窗建筑形式，整体为钢筋混凝土结构，具有抗撞击能力，入口采用钢制保险库门。第二类精神药品原料药以及制剂应当在药品库中设立独立的专库存放。

储存麻醉药品和精神药品必须建立专用账册，做到账物相符。仓库保管人员凭专用单据办理领发手续，详细记录领发料和出入库日期、规格、数量并有经手人签字。麻醉药品、精神药品出入仓库，必须由双方当场签字、检查验收。专用账册保存期限应当自药品有效期期满之日起不少于5年。

第十七条 生产麻醉药品、第一类精神药品以及使用麻醉药品、第一类精神药品生产普通药品的药品生产企业，应当设立电视监控中心（室），统一管理监控系统与防火防盗自动报警设施。企业应当定期检查监控系统和报警设施，保证正常运行。

生产区、生产车间、仓库出入口以及仓库内部等关键部位应当安装摄像装置，监控生产的主要活动并记录。仓库应当安装自动报警系统，并与公安部门报警系统联网。

第十八条 生产麻醉药品、第一类精神药品以及使用麻醉药品、第一类精神药品生产普通药品的药品生产企业，应当建立安全检查制度，对出入麻醉药品、第一类精神药品相关区域的人员、物品与车辆实行安全检查。

第十九条 严格执行库房与车间麻醉药品、精神药品原料药的交接制度。制剂车间应当坚持"领料不停产，停产不领料"的原则，生产过程中应当对麻醉药品、精神药品原料药、中间体、成品严格管理。

麻醉药品和精神药品原料药需要在车间暂存的，要设麻醉药品和精神药品原料药专库（柜）。生产过程中要按需发料，成品及时入库。

麻醉药品和精神药品专库以及生产车间暂存库（柜）要建立专用账册，详细记录领发日期、规格、数量并有经手人签字。必须做到账物相符，专用账册保存期限应当自药品有效期期满之日起不少于5年。

第二十条 必须同时两人以上方可进入车间的生产岗位，不允许一人单独上岗操作。生产工序交接应当实行两人复核制。

第二十一条 专库、生产车间暂存库（柜）以及留样室实行双人双锁管理。

第二十二条 企业应建立麻醉药品和精神药品的取样、留样、退样管理制度。检验部门要严格履行领取登记手续，按需取样，精确称重计数，做好记录，并由检验部门与被取样部门双方签字。

检验部门应当及时检验、妥善保管样品（留样）以及可回收利用的残渣残液。

退回的样品要称重计数，登记消耗和退回的数量，由交接双方签字。

第二十三条 企业对过期、损坏的麻醉药品和精神药品应当登记、造册，及时向所在地县级以上药品监督管理部门申请销毁。药品监督管理部门应当于接到申请后5日内到现场监督销毁。生产中产生的具有活性成分的残渣残液，由企业自行销毁并作记录。

第二十四条 企业应当建立能反映安全管理和质量管理要求的批生产记录。批生产记录保存至药品有效期满后5年。

第二十五条 麻醉药品和精神药品的标签应当印有专用标志

第五章 销售管理

第二十六条 麻醉药品药用原植物种植企业生产的麻醉药品原料（阿片）应当按照计划销售给国家设立的麻醉药品储存单位。

第二十七条 国家设立的麻醉药品储存单位只能将麻醉药品原料按照计划销售给麻醉药品生产企业以及经批准购用的其他单位。

定点生产企业生产的麻醉药品和第一类精神药品原料药只能按照计划销售给制剂生产企业和经批准购用的其他单位，小包装原料药可以销售给全国性批发企业和区域性批发企业。

第二十八条 定点生产企业只能将麻醉药品和第一类精神药品制剂销售给全国性批发企业、区域性批发企业以及经批准购用的其他单位。

区域性批发企业从定点生产企业购进麻醉药品和第一类精神药品制剂，须经所在地省、自治区、直辖市药品监督管理部门批准。

第二十九条 定点生产企业只能将第二类精神药品原料药销售给全国性批发企业、区域性批发企业、专门从事第二类精神药品批发业务的企业、第二类精神药品制剂生产企业以及经备案的其他需用第二类精神药品原料药的企业。

生产企业将第二类精神药品原料药销售给制剂生产企业以及经备案的其他需用第二类精神药品原料药的企业时，应当按照备案的需用计划销售。

第三十条 定点生产企业只能将第二类精神药品制剂销售给全国性批发企业、区域性批发企业、专门从事第二类精神药品批发业务的企业、第二类精神药品零售连锁企业、医疗机构或经批准购用的其他单位。

第三十一条 麻醉药品和精神药品定点生产企业应建立购买方销售档案，内容包括：

（一）购买方合法资质；

（二）购买麻醉药品、精神药品的批准证明文件（生产企业提供）；

（三）企业法定代表人、主管麻醉药品和精神药品负责人、采购人员及其联系方式；

（四）采购人员身份证明及法人委托书。

销售麻醉药品和精神药品时，应当核实企业或单位资质文件、采购人员身份证明，无误后方可销售。

第三十二条 麻醉药品和精神药品定点生产企业销售麻醉药品和精神药品不得使用现金交易。

第六章 附 则

第三十三条 申请人提出本办法中的审批事项申请,应当向受理部门提交本办法规定的相应资料。申请人应当对其申报资料全部内容的真实性负责。

第三十四条 以麻醉药品、精神药品为原料生产普通药品的,其麻醉药品、精神药品原料药的安全管理,按照本办法执行。

第三十五条 罂粟壳的生产管理按照国家食品药品监督管理局另行规定执行。

第三十六条 本办法由国家食品药品监督管理局负责解释。

第三十七条 本办法自发布之日起施行。以往发布的有关麻醉药品、精神药品生产管理规定与本办法不符的,以本办法为准。

附件:1. 药品生产企业申报麻醉药品、精神药品定点生产申请表

2. 麻醉药品和精神药品定点生产申报资料要求

3. 麻醉药品和精神药品定点生产批件

4. 接受境外委托加工麻醉药品和精神药品申报资料要求

5. 麻醉药品和精神药品生产(需用)计划申请表

6. 麻醉药品和精神药品生产(需用)计划申请汇总表

7. 第二类精神药品原料药需用计划备案表

8. 申报麻醉药品和精神药品原料药需求计划报送资料

9. 咖啡因购用审批表

10. 咖啡因购用证明

11. 麻醉药品和精神药品专用标志

附 录

麻醉药品和精神药品
邮寄管理办法

关于印发《麻醉药品和精神药品邮寄管理办法》的通知
国食药监安〔2005〕498 号

各省、自治区、直辖市食品药品监督管理局（药品监督管理局），邮政局：

　　为加强麻醉药品和精神药品邮寄管理，确保邮寄安全，根据《麻醉药品和精神药品管理条例》等有关规定，国家食品药品监督管理局和国家邮政局共同制定了《麻醉药品和精神药品邮寄管理办法》，现印发给你们，请将本办法通知到辖区内有关麻醉药品和精神药品生产、经营、使用单位和邮政营业机构，并遵照执行。

　　本办法自 2005 年 11 月 1 日起施行。

国家食品药品监督管理局
国家邮政局
2005 年 10 月 25 日

　　第一条　为加强麻醉药品和精神药品邮寄管理，确保邮寄安全，防止丢失、损毁、被盗，根据《邮政法》和《麻醉药品和精神药品管理条例》有关规定，制定本办法。

第二条　本办法所称麻醉药品和精神药品是指列入国务院药品监督管理部门会同国务院公安部门、国务院卫生主管部门公布的麻醉药品、精神药品目录所列的药品和其他物质。

第三条　与麻醉药品和精神药品有关的生产经营企业、医疗机构、教学科研单位通过邮政营业机构邮寄麻醉药品和精神药品的，适用本办法。

第四条　各省、自治区、直辖市邮政主管部门指定符合安全保障条件的邮政营业机构负责收寄麻醉药品和精神药品，并将指定的邮政营业机构名单报所在地省、自治区、直辖市药品监督管理部门和国家邮政局备案。

指定收寄的邮政营业机构应具备如下条件：

（一）有保证麻醉药品和精神药品安全邮寄的管理制度；

（二）没有违反有关禁毒的法律、法规规定的行为；

（三）封装设备齐全。

第五条　麻醉药品和精神药品的寄件单位要事先向所在地省、自治区、直辖市药品监督管理部门申请办理《麻醉药品、精神药品邮寄证明》（简称邮寄证明）。邮寄证明一证一次有效。办理邮寄证明时需要提供以下资料：

（一）麻醉药品、精神药品邮寄证明申请表（见附件1）；

（二）加盖单位公章的《药品生产许可证》或《药品经营许可证》（仅药品生产、经营企业提供）；

（三）加盖单位公章的《企业营业执照》或登记证书复印件；

（四）经办人身份证明、法人委托书。

经省、自治区、直辖市药品监督管理部门审查合格的，应在1日内发给邮寄证明。

邮寄证明样式（见附件2）由国务院药品监督管理部门制定，省级药品监督管理部门印制。

第六条 邮政营业机构收寄麻醉药品和精神药品时应当查验、收存邮寄证明并与详情单相关联一并存档,依据邮寄证明办理收寄手续。没有邮寄证明的不得收寄。邮寄证明保存1年备查。

寄件人应当在详情单货品名称栏内填写"麻醉药品"或"精神药品"字样,详情单上加盖寄件单位运输专用章。邮寄物品的收件人必须是单位。邮寄麻醉药品和精神药品应在窗口投交,邮政营业机构应当对收寄的麻醉药品和精神药品进行查验、核对。

第七条 邮政营业机构应积极配合寄件单位查询邮件在途情况。

第八条 收件单位应确定经办人办理收取麻醉药品、精神药品邮件。邮件到达收件单位,经办人在详情单上签字并加盖收件单位收货专用章;收件单位须到邮政营业机构领取麻醉药品、精神药品的,经办人应在详情单上签字并加盖收件单位公章,同时出示经办人身份证明。

第九条 承担麻醉药品和精神药品邮寄业务的邮政营业机构应严格执行安全管理制度,采取必要的防范措施,保证麻醉药品和精神药品在邮寄过程中的安全。

邮政营业机构应当每季度将收寄麻醉药品和精神药品情况集中上报所在地省、自治区、直辖市邮政主管部门,由省、自治区、直辖市邮政主管部门汇总后报国家邮政局。

第十条 邮寄过程中发生麻醉药品丢失、损毁、被盗的,邮政营业机构按邮政有关规定赔偿。其中丢失、被盗的,还应报当地公安机关、邮政主管部门和药品监督管理部门。

第十一条 本办法由国家食品药品监督管理局和国家邮政局负责解释。

第十二条 本办法自2005年11月1日起施行。

附件1:麻醉药品、精神药品邮寄证明申请表(略)
附件2:麻醉药品、精神药品邮寄证明(略)

非药用类麻醉药品和精神药品列管办法

关于印发《非药用类麻醉药品和精神药品列管办法》的通知

公通字〔2015〕27号

各省、自治区、直辖市公安厅（局）、食品药品监督管理局、卫生计生委、禁毒委员会办公室，新疆生产建设兵团公安局、食品药品监督管理局、卫生局、禁毒委员会办公室：

近年来，非药用类麻醉药品和精神药品制贩、走私和滥用问题日益突出，为加强对非药用类麻醉药品和精神药品的列管工作，防止非法生产、经营、运输、使用和进出口，遏制有关违法犯罪活动的发展蔓延，公安部、国家食品药品监督管理总局、国家卫生计生委和国家禁毒委员会办公室联合制定了《非药用类麻醉药品和精神药品列管办法》。现印发给你们，请认真贯彻执行。执行中遇到的问题，请及时上报。

公安部　国家卫生计生委

食品药品监管总局　国家禁毒办

2015年9月24日

第一条　为加强对非药用类麻醉药品和精神药品的管理，防止非法生产、经营、运输、使用和进出口，根据《中华人民共和国禁毒法》和《麻醉药品和精神药品管理条例》等法律、法规的规定，制定本办法。

第二条　本办法所称的非药用类麻醉药品和精神药品，是指未作为药品生产和使用，具有成瘾性或者成瘾潜力且易被滥用的物质。

第三条　麻醉药品和精神药品按照药用类和非药用类分类列管。除麻醉药品和精神药品管理品种目录已有列管品种外，新增非药用类麻醉药品和精神药品管制品种由本办法附表列示。非药用类麻醉药品和精神药品管制品种目录的调整由国务院公安部门会同国务院食品药品监督管理部门和国务院卫生计生行政部门负责。

非药用类麻醉药品和精神药品发现医药用途，调整列入药品目录的，不再列入非药用类麻醉药品和精神药品管制品种目录。

第四条　对列管的非药用类麻醉药品和精神药品，禁止任何单位和个人生产、买卖、运输、使用、储存和进出口。因科研、实验需要使用非药用类麻醉药品和精神药品，在药品、医疗器械生产、检测中需要使用非药用类麻醉药品和精神药品标准品、对照品，以及药品生产过程中非药用类麻醉药品和精神药品中间体的管理，按照有关规定执行。

各级公安机关和有关部门依法加强对非药用类麻醉药品和精神药品违法犯罪行为的打击处理。

第五条　各地禁毒委员会办公室（以下简称禁毒办）应当组织公安机关和有关部门加强对非药用类麻醉药品和精神药品的监测，并将监测情况及时上报国家禁毒办。国家禁毒办经汇总、分析后，应当及时发布预警信息。对国家禁毒办发布预警的未列管非药用类麻醉药品和精神药品，各地禁毒办应当进行重点监测。

第六条　国家禁毒办认为需要对特定非药用类麻醉药品和精神药品进行列管的，应当交由非药用类麻醉药品和精神药品专家委员会（以下简称专家委员会）进行风险评估和列管论证。

第七条 专家委员会由国务院公安部门、食品药品监督管理部门、卫生计生行政部门、工业和信息化管理部门、海关等部门的专业人员以及医学、药学、法学、司法鉴定、化工等领域的专家学者组成。

专家委员会应当对拟列管的非药用类麻醉药品和精神药品进行下列风险评估和列管论证，并提出是否予以列管的建议：

（一）成瘾性或者成瘾潜力；

（二）对人身心健康的危害性；

（三）非法制造、贩运或者走私活动情况；

（四）滥用或者扩散情况；

（五）造成国内、国际危害或者其他社会危害情况。

专家委员会启动对拟列管的非药用类麻醉药品和精神药品的风险评估和列管论证工作后，应当在3个月内完成。

第八条 对专家委员会评估后提出列管建议的，国家禁毒办应当建议国务院公安部门会同食品药品监督管理部门和卫生计生行政部门予以列管。

第九条 国务院公安部门会同食品药品监督管理部门和卫生计生行政部门应当在接到国家禁毒办列管建议后6个月内，完成对非药用类麻醉药品和精神药品的列管工作。

对于情况紧急、不及时列管不利于遏制危害发展蔓延的，风险评估和列管工作应当加快进程。

第十条 本办法自2015年10月1日起施行。

麻醉药品和精神药品经营管理办法（试行）

国食药监安〔2005〕527号
关于印发《麻醉药品和精神药品经营管理办法（试行）》的通知

各省、自治区、直辖市食品药品监督管理局（药品监督管理局）：

　　为加强麻醉药品和精神药品经营管理，根据《麻醉药品和精神药品管理条例》，我局制定了《麻醉药品和精神药品经营管理办法（试行）》，现印发给你们。请将本办法通知到行政区域内有关麻醉药品和精神药品经营企业，并遵照执行。

　　本办法自发布之日起施行。

　　本办法施行前经批准从事麻醉药品、第一类精神药品经营的企业，应当自本办法施行之日起6个月内，依照本办法规定的程序申请办理定点经营手续。原经批准从事第二精神药品批发和零售的企业，应当自本办法施行之日起6个月内，依照本办法规定的程序和要求重新申请有关许可；其中，不符合《麻醉药品和精神药品管理条例》规定条件的药品零售企业，自本办法发布之日起不得再购进第二类精神药品，企业原有库存登记造册报所在地设区的市级药品监督管理机构备案后，按规定售完为止。

国家食品药品监督管理局
2005 年 10 月 31 日

第一章 总 则

第一条 为加强麻醉药品和精神药品经营管理，保证合法、安全流通，防止流入非法渠道，根据《麻醉药品和精神药品管理条例》，制定本办法。

第二条 国家对麻醉药品和精神药品实行定点经营制度。未经批准的任何单位和个人不得从事麻醉药品和精神药品经营活动。

第二章 定 点

第三条 国家食品药品监督管理局根据麻醉药品和第一类精神药品全国需求总量，确定跨省、自治区、直辖市从事麻醉药品和第一类精神药品批发业务的企业（以下称全国性批发企业）的布局、数量；根据各省、自治区、直辖市对麻醉药品和第一类精神药品需求总量，确定在该行政区域内从事麻醉药品和第一类精神药品批发业务的企业（以下称区域性批发企业）的布局、数量。国家食品药品监督管理局根据年度需求总量的变化对全国性批发企业、区域性批发企业布局、数量定期进行调整、公布。

第四条 国家食品药品监督管理局和各省、自治区、直辖市药品监督管理部门在确定、调整定点批发企业时,根据布局的要求和数量的规定,应当事先公告,明确受理截止时限。当申报企业多于规定数量时,按照对企业综合评定结果,择优确定。

第五条 申请成为全国性批发企业,应当向所在地省、自治区、直辖市药品监督管理部门提出申请,填报《申报麻醉药品和精神药品定点经营申请表》(附件1),报送相应资料(附件2)。省、自治区、直辖市药品监督管理部门应当在5日内对资料进行审查,决定是否受理。受理的,5日内将审查意见连同企业申报资料报国家食品药品监督管理局。国家食品药品监督管理局应当在35日内进行审查和现场检查,做出是否批准的决定。批准的,下达批准文件。企业所在地省、自治区、直辖市药品监督管理部门根据批准文件在该企业《药品经营许可证》经营范围中予以注明。药品监督管理部门做出不予受理或不予批准决定的,应当书面说明理由。

第六条 申请成为区域性批发企业的,应当向所在地设区的市级药品监督管理机构提出申请,填报《申报麻醉药品和精神药品定点经营申请表》(附件1),报送相应资料(附件2)。

设区的市级药品监督管理机构应当在5日内对资料进行审查,决定是否受理。受理的,5日内将审查意见连同企业申报资料报省、自治区、直辖市药品监督管理部门。省、自治区、直辖市药品监督管理部门应当在35日内进行审查和现场检查,做出是否批准的决定。批准的,下达批准文件(有效期应当与《药品经营许可证》一致),并在《药品经营许可证》经营范围中予以注明。

药品监督管理部门做出不予受理或不予批准决定的,应当书面说明理由。

第七条　国家食品药品监督管理局在批准全国性批发企业以及省、自治区、直辖市药品监督管理部门在批准区域性批发企业时，应当综合各地区人口数量、交通、经济发展水平、医疗服务情况等因素，确定其所承担供药责任的区域。

第八条　全国性批发企业应当具备经营 90% 以上品种规格的麻醉药品和第一类精神药品的能力，并保证储备 4 个月销售量的麻醉药品和第一类精神药品；区域性批发企业应当具备经营 60% 以上品种规格的麻醉药品和第一类精神药品的能力，并保证储备 2 个月销售量的麻醉药品和第一类精神药品。

第九条　申请成为专门从事第二类精神药品批发企业，应当向所在地设区的市级药品监督管理机构提出申请，填报《申报麻醉药品和精神药品定点经营申请表》（附件1），报送相应资料（附件3）。药品监督管理部门应当按照第六条规定的程序、时限办理。

第十条　全国性批发企业、区域性批发企业可以从事第二类精神药品批发业务。如需开展此项业务，企业应当向所在地省、自治区、直辖市药品监督管理部门申请变更《药品经营许可证》经营范围，企业所在地省、自治区、直辖市药品监督管理部门应当在其《药品经营许可证》经营范围中加注（第二类精神药品原料药或第二类精神药品制剂）。

第十一条　申请零售第二类精神药品的药品零售连锁企业，应当向所在地设区的市级药品监督管理机构提出申请，填报《申报麻醉药品和精神药品定点经营申请表》（附件1），报送相应资料（附件4）。

设区的市级药品监督管理机构应当在 20 日内进行审查，做出是否批准的决定。批准的，发证部门应当在企业和相应门店的《药品经营许可证》经营范围中予以注明。不予批准的，应当书面说明理由。

第十二条 除经批准的药品零售连锁企业外，其他药品经营企业不得从事第二类精神药品零售活动。

第十三条 各级药品监督管理部门应当及时将批准的全国性批发企业、区域性批发企业、专门从事第二类精神药品批发的企业和从事第二类精神药品零售的连锁企业（含相应门店）的名单在网上公布。

第三章 购 销

第一节 麻醉药品和第一类精神药品的购销

第十四条 全国性批发企业应当从定点生产企业购进麻醉药品和第一类精神药品。

全国性批发企业应当在每年10月底前将本年度预计完成的麻醉药品和第一类精神药品购进、销售、库存情况报国家食品药品监督管理局。

第十五条 全国性批发企业在确保责任区内区域性批发企业供药的基础上，可以在全国范围内向其他区域性批发企业销售麻醉药品和第一类精神药品。

第十六条 全国性批发企业向医疗机构销售麻醉药品和第一类精神药品，应当向医疗机构所在地省、自治区、直辖市药品监督管理部门提出申请，药品监督管理部门应当在统筹、确定全国性批发企业与区域性批发企业在本行政区域内的供药责任区后，做出是否批准的决定。

第十七条 区域性批发企业可以从全国性批发企业购进麻醉药品和第一类精神药品。

第十八条 为减少迂回运输，区域性批发企业需要从定点生产企业购进麻醉药品和第一类精神药品的，应当向所在地省、自治区、直辖市药品监督管理部门提出申请，并报送以下资料：

（一）与定点生产企业签订的意向合同；

（二）从定点生产企业购进麻醉药品和第一类精神药品的品种和理由；

（三）运输方式、运输安全管理措施。

药品监督管理部门受理后，应当在30日内做出是否批准的决定。予以批准的，应当发给批准文件，注明有效期限（有效期不超过5年），并将有关情况报国家食品药品监督管理局；不予批准的，应当书面说明理由。

区域性批发企业应当在每年10月底前将本年度预计完成的直接从生产企业采购的麻醉药品和第一类精神药品购进、销售、库存情况报国家食品药品监督管理局。

区域性批发企业直接从定点生产企业购进麻醉药品和第一类精神药品，在运输过程中连续12个月内发生过两次丢失、被盗情况的，所在地省、自治区、直辖市药品监督管理部门应当取消其直接从定点生产企业购进麻醉药品和第一类精神药品资格，并在3年内不再受理其此项申请。

第十九条 区域性批发企业在确保责任区内医疗机构供药的基础上，可以在本省行政区域内向其他医疗机构销售麻醉药品和第一类精神药品。

第二十条 因医疗急需、运输困难等特殊情况，区域性批发企业之间可以调剂麻醉药品和第一类精神药品，但仅限具体事件所涉及的品种和数量。企业应当在调剂后2日内将调剂情况分别报所在地设区的市级药品监督管理机构和省、自治区、直辖市药品监督管理部门备案。

第二十一条 由于特殊地理位置原因，区域性批发企业需要就近向其他省级行政区内取得麻醉药品和第一类精神药品使用资格的医疗机构销售麻醉药品和第一类精神药品的，应当向所在地省、自治区、直辖市药品监督管理部门提出申请，受理申请的药品监督管理部门认为可行的，应当与医疗机构所在地省、自治区、直辖市药品监督管理部门协调，提出明确的相应区域性批发企业供药责任调整意见，报国家食品药品监督管理局批准后，方可开展相应经营活动。

第二十二条 麻醉药品和第一类精神药品不得零售。

第二节 第二类精神药品的购销

第二十三条 从事第二类精神药品批发业务的企业可以从第二类精神药品定点生产企业、全国性批发企业、区域性批发企业、其他专门从事第二类精神药品批发业务的企业购进第二类精神药品。

第二十四条 从事第二类精神药品批发业务的企业可以将第二类精神药品销售给定点生产企业、全国性批发企业、区域性批发企业、其他专门从事第二类精神药品批发业务的企业、医疗机构和从事第二类精神药品零售的药品零售连锁企业。

第二十五条 药品零售连锁企业总部的《药品经营许可证》经营范围中有第二类精神药品项目的，可以购进第二类精神药品；其所属门店《药品经营许可证》经营范围有第二类精神药品项目的，可以零售第二类精神药品。

第二十六条 药品零售连锁企业对其所属的经营第二类精神药品的门店，应当严格执行统一进货、统一配送和统一管理。药品零售连锁企业门店所零售的第二类精神药品，应当由本企业直接配送，不得委托配送。

第四章 管 理

第二十七条 企业、单位之间购销麻醉药品和精神药品一律禁止使用现金进行交易。

第二十八条 全国性批发企业向区域性批发企业销售麻醉药品和第一类精神药品时，应当建立购买方销售档案，内容包括：

（一）省、自治区、直辖市药品监督管理部门批准其为区域性批发企业的文件；

（二）加盖单位公章的《药品经营许可证》、《企业法人营业执照》、《药品经营质量管理规范认证证书》复印件；

（三）企业法定代表人、主管麻醉药品和第一类精神药品负责人、采购人员及其联系方式；

（四）采购人员身份证明及法人委托书。

第二十九条 全国性批发企业、区域性批发企业向其他企业、单位销售麻醉药品和第一类精神药品时，应当核实企业或单位资质文件、采购人员身份证明，无误后方可销售。

第三十条 全国性批发企业、区域性批发企业向医疗机构销售麻醉药品和第一类精神药品时，应当建立相应医疗机构的供药档案，内容包括《麻醉药品和第一类精神药品购用印鉴卡》、"麻醉药品和第一类精神药品采购明细"等。

第三十一条 医疗机构向全国性批发企业、区域性批发企业采购麻醉药品和第一类精神药品时，应当持《麻醉药品和第一类精神药品购用印鉴卡》，填写"麻醉药品和第一类精神药品采购明细"，办理购买手续。销售人员应当仔细核实内容以及有关印鉴，无误后方可办理销售手续。

第三十二条 药品监督管理部门发现医疗机构违规购买麻醉

药品和第一类精神药品时，应当及时将有关情况通报同级卫生主管部门。必要时，药品监督管理部门可以责令全国性批发企业或区域性批发企业暂停向该医疗机构销售麻醉药品和第一类精神药品。

第三十三条　全国性批发企业、区域性批发企业应当确定相对固定人员和运输方式，在办理完相关手续后，将药品送至医疗机构。在医疗机构现场检查验收。

第三十四条　全国性批发企业、区域性批发企业和专门从事第二类精神药品批发业务的企业在向其他企业、单位销售第二类精神药品时，应当核实企业或单位资质文件、采购人员身份证明，无误后方可销售。

第三十五条　零售第二类精神药品时，应当凭执业医师开具的处方，并经执业药师或其他依法经过资格认定的药学技术人员复核。处方保存2年备查。

第三十六条　不得向未成年人销售第二类精神药品。在难以确定购药者是否为未成年人的情况下，可查验购药者身份证明。

第三十七条　全国性批发企业、区域性批发企业、专门从事第二类精神药品批发业务的企业和经批准从事第二类精神药品零售业务的零售连锁企业配备的麻醉药品、精神药品管理人员和直接业务人员，应当相对稳定，并每年接受不少于10学时的麻醉药品和精神药品管理业务培训。

第三十八条　全国性批发企业、区域性批发企业、专门从事第二类精神药品批发业务的企业和经批准从事第二类精神药品零售业务的零售连锁企业应当建立对本单位安全经营的评价机制。定期对安全制度的执行情况进行考核，保证制度的执行，并根据有关管理要求和企业经营实际，及时进行修改、补充和完善；定期对安全设施、设备进行检查、保养和维护，并记录。

第三十九条 全国性批发企业、区域性批发企业、专门从事第二类精神药品批发业务的企业和经批准从事第二类精神药品零售业务的零售连锁企业应当按照要求建立向药品监督管理部门或其指定机构报送麻醉药品和精神药品经营信息的网络终端，及时将有关购进、销售、库存情况通过网络上报。

第四十条 企业对过期、损坏的麻醉药品和精神药品应当登记造册，及时向所在地县级以上药品监督管理部门申请销毁。药品监督管理部门应当自接到申请起5日内到现场监督销毁。

第五章 附 则

第四十一条 申请人提出本办法中的审批事项申请，应当向受理部门提交本办法规定的相应资料。申请人应当对其申报资料全部内容的真实性负责。

第四十二条 罂粟壳的经营管理按照国家食品药品监督管理局另行规定执行。

第四十三条 本办法由国家食品药品监督管理局负责解释。

第四十四条 本办法自发布之日起施行。以往发布的有关麻醉药品、精神药品经营管理规定与本办法不符的，以本办法为准。

附件1：申报麻醉药品和精神药品定点经营申请表（略）

附件2：申请成为全国性（区域性）批发企业应当报送的资料（略）

附件3：申请成为专门从事第二类精神药品批发企业应当报送的资料（略）

附件4：申请零售第二类精神药品的零售连锁企业应当报送的资料（略）

附 录

医疗机构麻醉药品、第一类精神药品管理规定

卫生部关于印发《医疗机构麻醉药品、第一类精神药品管理规定》的通知

卫医发〔2005〕438号

各省、自治区、直辖市卫生厅局,新疆生产建设兵团卫生局:

为了加强和规范医疗机构麻醉药品、第一类精神药品使用管理,保证临床合理需求,严防麻醉药品、第一类精神药品流入非法渠道,根据《麻醉药品和精神药品管理条例》,我部制定了《医疗机构麻醉药品、第一类精神药品管理规定》。现印发给你们,请遵照执行。

卫生部
二○○五年十一月十四日

第一章 总 则

第一条 为严格医疗机构麻醉药品、第一类精神药品管理,保证正常医疗工作需要,根据《麻醉药品和精神药品管理条例》,

制定本规定。

第二条 卫生部主管全国医疗机构麻醉药品、第一类精神药品使用管理工作。

县级以上地方卫生行政部门负责本辖区内医疗机构麻醉药品、第一类精神药品使用的监督管理工作。

第二章 麻醉药品、第一类精神药品的管理机构和人员

第三条 医疗机构应当建立由分管负责人负责,医疗管理、药学、护理、保卫等部门参加的麻醉、精神药品管理机构,指定专职人员负责麻醉药品、第一类精神药品日常管理工作。

第四条 医疗机构要把麻醉药品、第一类精神药品管理列入本单位年度目标责任制考核,建立麻醉药品、第一类精神药品使用专项检查制度,并定期组织检查,做好检查记录,及时纠正存在的问题和隐患。

第五条 医疗机构应当建立并严格执行麻醉药品、第一类精神药品的采购、验收、储存、保管、发放、调配、使用、报残损、销毁、丢失及被盗案件报告、值班巡查等制度,制定各岗位人员职责。日常工作由药学部门承担。

第六条 医疗机构麻醉药品、第一类精神药品管理人员应当掌握与麻醉、精神药品相关的法律、法规、规定,熟悉麻醉药品、第一类精神药品使用和安全管理工作。

第七条 医疗机构应当配备工作责任心强、业务熟悉的药学专业技术人员负责麻醉药品、第一类精神药品的采购、储存保管、调配使用及管理工作,人员应当保持相对稳定。

第八条 医疗机构应当定期对涉及麻醉药品、第一类精神药品的管理、药学、医护人员进行有关法律、法规、规定、专业知识、职业道德的教育和培训。

第三章　麻醉药品、第一类精神药品的采购、储存

第九条　医疗机构应当根据本单位医疗需要，按照有关规定购进麻醉药品、第一类精神药品，保持合理库存。购买药品付款应当采取银行转帐方式。

第十条　麻醉药品、第一类精神药品药品入库验收必须货到即验，至少双人开箱验收，清点验收到最小包装，验收记录双人签字。入库验收应当采用专簿记录，内容包括：日期、凭证号、品名、剂型、规格、单位、数量、批号、有效期、生产单位、供货单位、质量情况、验收结论、验收和保管人员签字。

第十一条　在验收中发现缺少、缺损的麻醉药品、第一类精神药品应当双人清点登记，报医疗机构负责人批准并加盖公章后向供货单位查询、处理。

第十二条　储存麻醉药品、第一类精神药品实行专人负责、专库（柜）加锁。对进出专库（柜）的麻醉药品、第一类精神药品建立专用帐册，进出逐笔记录，内容包括：日期、凭证号、领用部门、品名、剂型、规格、单位、数量、批号、有效期、生产单位、发药人、复核人和领用签字，做到帐、物、批号相符。

第十三条　医疗机构对过期、损坏麻醉药品、第一类精神药品进行销毁时，应当向所在地卫生行政部门提出申请，在卫生行政部门监督下进行销毁，并对销毁情况进行登记。

卫生行政部门接到医疗机构销毁麻醉药品、第一类精神药品申请后，应当于 5 日内到场监督医疗机构销毁行为。

第四章　麻醉药品、第一类精神药品的调配和使用

第十四条　医疗机构可以根据管理需要在门诊、急诊、住院

等药房设置麻醉药品、第一类精神药品周转库（柜），库存不得超过本机构规定的数量。周转库（柜）应当每天结算。

第十五条　门诊、急诊、住院等药房发药窗口麻醉药品、第一类精神药品调配基数不得超过本机构规定的数量。

第十六条　门诊药房应当固定发药窗口，有明显标识，并由专人负责麻醉药品、第一类精神药品调配。

第十七条　执业医师经培训、考核合格后，取得麻醉药品、第一类精神药品处方资格。

第十八条　开具麻醉药品、第一类精神药品使用专用处方。处方格式及单张处方最大限量按照《麻醉药品、精神药品处方管理规定》执行。

医师开具麻醉药品、第一类精神药品处方时，应当在病历中记录。医师不得为他人开具不符合规定的处方或者为自己开具麻醉药品、第一类精神药品处方。

第十九条　处方的调配人、核对人应当仔细核对麻醉药品、第一类精神药品处方，签名并进行登记；对不符合规定的麻醉药品、第一类精神药品处方，拒绝发药。

第二十条　医疗机构应当对麻醉药品、第一类精神药品处方进行专册登记，内容包括：患者（代办人）姓名、性别、年龄、身份证明编号、病历号、疾病名称、药品名称、规格、数量、处方医师、处方编号、处方日期、发药人、复核人。

专用帐册的保存应当在药品有效期满后不少于 2 年。

第二十一条　医疗机构应当为使用麻醉药品、第一类精神药品的患者建立相应的病历。麻醉药品注射剂型仅限于医疗机构内使用或者由医务人员出诊至患者家中使用；医疗机构应当为使用麻醉药品非注射剂型和精神药品的患者建立随诊或者复诊制度，并将随诊或者复诊情况记入病历。为院外使用麻醉药品非注射剂型、精神药品患者开具的处方不得在急诊药房配药。

第二十二条 医疗机构购买的麻醉药品、第一类精神药品只限于在本机构内临床使用。

第五章 麻醉药品、第一类精神药品的安全管理

第二十三条 医疗机构麻醉、精神药品库必须配备保险柜，门、窗有防盗设施。有条件的医疗机构麻醉药品、第一类精神药品库应当安装报警装置。

门诊、急诊、住院等药房设麻醉药品、第一类精神药品周转库（柜）的，应当配备保险柜，药房调配窗口、各病区、手术室存放麻醉药品、第一类精神药品应当配备必要的防盗设施。

第二十四条 麻醉药品、第一类精神药品储存各环节应当指定专人负责，明确责任，交接班应当有记录。

第二十五条 对麻醉药品、第一类精神药品的购入、储存、发放、调配、使用实行批号管理和追踪，必要时可以及时查找或者追回。

第二十六条 医疗机构应当对麻醉药品、第一类精神药品处方统一编号，计数管理，建立处方保管、领取、使用、退回、销毁管理制度。

第二十七条 患者使用麻醉药品、第一类精神药品注射剂或者贴剂的，再次调配时，应当要求患者将原批号的空安瓿或者用过的贴剂交回，并记录收回的空安瓿或者废贴数量。

第二十八条 医疗机构内各病区、手术室等调配使用麻醉药品、第一类精神药品注射剂时应收回空安瓿，核对批号和数量，并作记录。剩余的麻醉药品、第一类精神药品应办理退库手续。

第二十九条 收回的麻醉药品、第一类精神药品注射剂空安

瓿、废贴由专人负责计数、监督销毁，并作记录。

第三十条 患者不再使用麻醉药品、第一类精神药品时，医疗机构应当要求患者将剩余的麻醉药品、第一类精神药品无偿交回医疗机构，由医疗机构按照规定销毁处理。

第三十一条 具有《医疗机构执业许可证》并经有关部门批准的戒毒医疗机构开展戒毒治疗时，可在医务人员指导下使用具有戒毒适应症的麻醉药品、第一类精神药品。

第三十二条 医疗机构发现下列情况，应当立即向所在地卫生行政部门、公安机关、药品监督管理部门报告：

（一）在储存、保管过程中发生麻醉药品、第一类精神药品丢失或者被盗、被抢的；

（二）发现骗取或者冒领麻醉药品、第一类精神药品的。

第三十三条 本规定自下发之日起施行。